舆情观察
系列 2

中国形象全球调查

CHINA'S IMAGE WORLDWIDE SURVEY

拉萨卷

暨南大学舆情与社会管理研究中心　主编

暨南大学出版社
JINAN UNIVERSITY PRESS

重新认识中国形象的多义性与复合性

■支庭荣（Zhi Tingrong）

中国、中华、华夏，在地理意义上，是指自夏商周以来，在东亚大陆和沿海，尤其是喜马拉雅山脉所囊括的广袤地区。 以昆仑山、秦岭、长江、黄河、东海、南海为主要地标，几千年来中华民族在此繁衍生息，并屹立于世界的东方。

在世界几大文明中，中华文明是为数不多的、虽受外力的蛮横冲击却始终绵延不断的古老而优秀的文明之一。 中华文明之所以有如此强大的生命力，第一在于其独特的地理方位，在于青藏高原对欧亚大陆的隔断。 这一天然的屏障，包括香格里拉，甚至是西方一些种族传说中的寻根觅圣之地都无法匹及。 这一神圣的保护属于中国，就像人工的长城之于北部的平原。 春水东流，季风北引，莽苍塞外，杏花江南，这是怎样的一幅醉人仙境啊！

历史上，中国的地理疆域有两次大变动。 一代天骄成吉思汗，以绝世的武功西征南狩，第一次大规模地拓宽了中国的边界。 第二次则是葡萄牙人携坚船利炮袭击台湾。 接下来，英法俄日帝国主义列强一次次地企图瓜分中国，从香港到尼布楚，从拉萨到满洲里，侵略者的铁蹄踏遍了中国，秀美山川遭到割裂和涂炭。 但是，中国人民挺直了脊梁，共赴国难，终使外敌遁走，国家复兴。

中国之所以不坠，第二在于各民族长期的文化共融，浑然一体，化成天下。 今天的中华民族，指的是生活在中国大地上各民族的总称。 各民族或是同气连枝或是远亲近邻，早已是中国不可分割的因子。

因此，中国形象，在政治上，是指社会主义中国，是指改革开放的中国，是指和平发展的中国；在文化上，是指多民族的中国，是指古老文明历久弥新的中国，是指注重礼仪的中国，是指宗教信仰自由的中国；在地理上，是指养育了文成公主的中国，是指玄奘西游下火海、越流沙的中国，是指南暨曾母暗沙的中国，是指征服了珠穆朗玛峰、南极和月球的中国。形象化的中国，还指龙战于野，凤舞南方的中国；是金刚宝杵，小米步枪的中国；是人不留天留，山不转水转的中国……天佑中国！

有位学者讲过，中国是无神论或泛神论的样本。这是就一部分民族而言的。总体上看，中国是多样性的样本，汉满蒙回藏，儒释道基伊，并行不悖，和谐共存。

人不能两次踏进同一条河流，世界上没有两片相同的树叶。差异性不能掩盖同质和同源，正如从山脚到山峰，从阔叶林到针叶林的变化。从赤道到极地，气温的高低也有明显的落差。内部的巨大差异性，正是中华文明生生不竭的动力之源。中华文明，是五十六个子文明的复合体。

今天的华人，足迹遍全球；今天的中国，雄壮不可侮。翻开世界地图，以战略家的眼光看，中国正从酣睡中醒来。无怪乎部分西方人惯用“中国威胁论”来毁谤中国，来阻遏中国的崛起。而中国只不过是沿着自己的轨迹前行而已。岛链锁不住澎湃的西太平洋，分裂势力瓦解不了巍峨的青藏高原。中国的模样，自汉唐以降，已岿然自立，光彩照人。

从拉萨看西藏，正如从西藏看中国。西藏形象，是中国形象的一部分。

（作者系暨南大学新闻与传播学院教授，舆情与社会管理研究中心研究员）

CONTENTS 目录

映像拉萨

专稿

西藏视窗

微茶座

后记

市民新闻眼

韩依民 拉萨市民对国内热点新闻事件的认知及获取渠道研究
梁　坤

拉萨市民对国内热点新闻事件的认知及获取渠道研究

■韩依民（Han Yimin）　梁　坤（Liang Kun）

一、研究缘起

热点新闻事件，通俗地理解是指社会普遍关注、具有较大社会影响的事件。媒介素养是指“受众对各种媒介信息的解读、批判能力，更为重要的是，这是一种使用媒介信息为个人生活、社会发展所应用的能力”①。从逻辑上来说，对热点新闻事件的认知情况是反映公众新闻素养、媒介素养的重要指标。

2004 年，张志安总结了中国大陆媒介素养和媒介素养教育的研究现状及特点：第一，研究时间短、成果少，尚未引起充分、广泛的重视；第二，定性分析多、定量调查少，媒介素养状况值得认真调研；第三，仅限于理论研究和介绍，媒介素养教育缺乏有效实践。②

十年来，媒介素养的研究已经有了较大的进步，媒介素养的学术研究和教育逐渐受到社会的重视。2007 年，复旦大学举办了以“媒介素养与公民素养”为主题的论坛；同年，《中国广播电视学刊》、浙江省广播电视局、浙江传媒学院等机构联合主办了首届西湖媒介素养高峰论坛，至今已经成功举办了 4 届。此外，包含浙江传媒学院在内的一些高校已经成立媒介素养的研究中心，许多新闻院系也专门开设了媒介素养的专业课程。

然而，纵观国内有关媒介素养的研究现状，针对经济发达地

① 林晓华．媒介素养与少数民族发展[D]．四川大学博士学位论文，2006.

② 张志安，沈国麟．媒介素养：一个亟待重视的全民教育课题——对中国大陆媒介素养研究的回顾和简评[J]．新闻记者，2004（5）.

（二）问卷调查

为了尽可能充分、全面且客观地反映拉萨市民对国内热点新闻事件的关注情况，本研究运用了问卷调查法对拉萨市民的新闻热点事件认知情况进行调查，问卷设计分为三个方面：市民对新闻热点事件的关注情况、获取新闻信息的渠道及其对信息获取环境的评价。

2013 年 11 月 1—6 日，小组成员在拉萨发放问卷共 350 份，回收有效问卷 294 份。

1. 调查群体

拉萨市区的居民，主要包括本地居民和常住外来人口。

2. 抽样方法

根据人口统计数据，按职业划分，将市民划分为农业从业者，商业从业者，工业从业者，教师、医生、公务员，学生以及其他六大类。对各个职业进行配额，然后与当地机构接洽，以在人员聚集地发放等方式，发放了相应的问卷。

3. 质量控制

为了使问卷调查对象结构尽量合理，小组成员积极与拉萨当地政府、学校及居民委员会联系，让这些机构帮助发放问卷。除此之外，调查人员还在市民聚集的银行营业大厅等场所发放问卷，辅之以部分入室访问，目的是尽可能地接触多元化的拉萨市民。

针对藏民不懂汉语的问题，调查组招募了当地的藏民学生做志愿者，帮助解决问卷发放过程中的沟通障碍问题。对识字有困难的被访对象，小组成员会口述题目，帮助被访对象充分理解问卷意思，进而完成问卷。

从问卷覆盖的范围以及问卷完成的过程来看，问卷的质量可以得到有效保障。

4. 问卷的发放情况

具体的问卷发放情况如下所示。

（1）11 月 1—2 日，通过接洽西藏大学校办负责人，在负责人的帮助下，校团委联系学院组织学生填写问卷，西藏大学共有 80 余名学生及 20 名教师参与问卷调查。

（2）11 月 1 日下午，小组成员在西藏大学财经学院（独立学院）自习室发放问卷 20 份。

（3）11 月 2—3 日，在拉萨当地农业银行营业大厅，经过大堂经理许可后在等候区向市民发放问卷 50 份。

（4）11 月 2 日，联系拉萨市公安局以及街头的警务站，在巡警等工作人员的帮助下发放50份问卷，覆盖普通市民及警务工作人员。

（5）11月3日，联系拉萨市人民医院，在院长的许可下，在医院面向患者和医务人员发放问卷近30份，覆盖医生、护士及普通拉萨市民。

（6）11月4日，在拉萨冲赛康社区居委会的配合下，发放问卷20余份。

（7）11月6日，通过“扫街”的方式，在商店、诊所及行人中发放问卷近80份。

共发放问卷350份，回收有效问卷294份，问卷填写人员包括教师、医生、公务员、工商业从业人员、学生及其他职业人士，覆盖面比较广。

四、拉萨市民对国内热点新闻的关注及了解情况调查

（一）平时是否关注国内热点新闻事件

我们设置了五级量表对市民的关注度进行测量，分别是“非常关注”、“关注”、“一般”、“很少关注”和“从不关注”。在回收的294份问卷中，有6份问卷该题答案为空。

在回答此题的288份有效问卷中，39人认为自身平时非常关注国内热点新闻事件，占总数的13.5%；133人关注国内热点新闻事件，占46.2%；89人回答“一般”，占总数的30.9%；23人表示很少关注国内热点新闻事件，占8.0%；4名受访者表示从不关注国内热点新闻事件，占1.4%（见图1）。由此可见，超过90%的受访者平时对国内热点新闻事件有所关注。

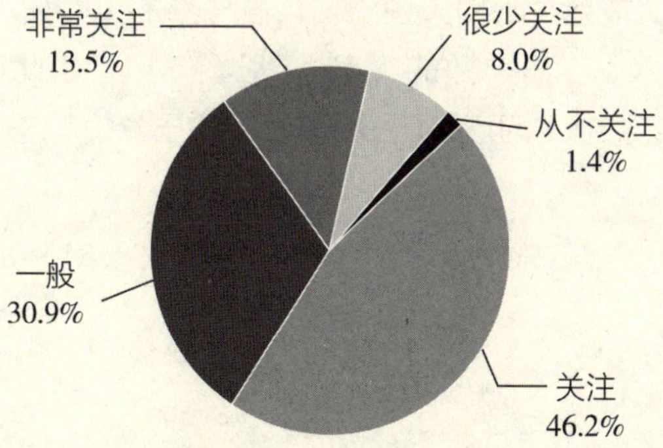

图1　受访者对国内热点新闻事件的关注情况分布图

（二）对热点新闻事件的了解情况

课题组从 2013 年国内时政、经济、文化、教育、体育、环境、科技、娱乐、社会、医疗、灾难等方面的新闻事件中，主要依据搜索量和社会影响力，分别筛选出一则热点新闻。受访者是否知晓这些热点事件在一定程度上能够反映其对这些领域的关注情况。以“习近平总书记提出‘中国梦’”为例，22 名受访者表示完全不了解，这一数据能够间接反映出这些受访者对国内重大政治新闻的关注度低。

课题组将受访者对该新闻的了解程度划分为“详细了解”、“大概了解”、“看过此新闻”、“听别人说过”、“完全不了解”。同时，在发放过程中对受访者进行了说明，即“详细了解”主要指“非常关注事态发展，详细了解前因后果”；“大概了解”指“了解事件的主要情况”；“看过此新闻”表示“自己从媒体上获知有该事发生”；“听别人说过”表示“知道有此新闻，但属于被动接收”；“完全不了解”表示“在问卷前，对此事一无所知”。

需要说明的是，“今年上半年多地现人感染 H7N9 病毒”、“4 月 20 日四川雅安发生 7 级地震”和“神十航天员太空授课”分别有 1 名、2 名和 2 名受访者的该题答案为空值，我们在计算过程中，这三道题目以有效回答的数量作为总数。其他题目均以 294 份问卷作为有效总量。

通过对数据的分析，我们得出以下结论：

1. 以单独新闻事件作为观察项

（1）习近平总书记提出“中国梦”。

“习近平总书记提出‘中国梦’”这一新闻事件的获取情况是：49 人表示“详细了解”，占总数的 16.7%；119 人表示“大概了解”，占总数的 40.5%；74 人表示“看过此新闻”，占总数的 25.2%；30 人表示“听别人说过”，占总数的 10.2%；22 人表示“完全不了解”，占总数的 7.5%（见图 2）。由此可见，超过 90% 的受访者知晓“习近平总书记提出‘中国梦’”这一信息。

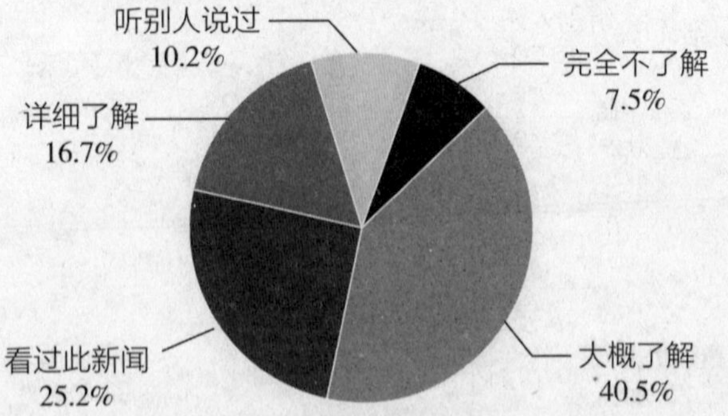

图 2　受访者对新闻“习近平总书记提出‘中国梦’”的了解情况分布图

（2）国务院出台楼市调控“国五条”。

“国务院出台楼市调控‘国五条’”这一新闻事件的获取情况是：17 人表示“详细了解”，占总数的 5.8%；62 人表示“大概了解”，占总数的 21.1%；69 人表示“看过此新闻”，占总数的 23.5%；47 人表示“听别人说过”，占总数的 16.0%；99 人表示“完全不了解”，占总数的 33.7%（见图 3）。由此可见，多数受访者对于有关楼市的新闻关注度较低，超过 1/3 的受访者对此完全不了解。

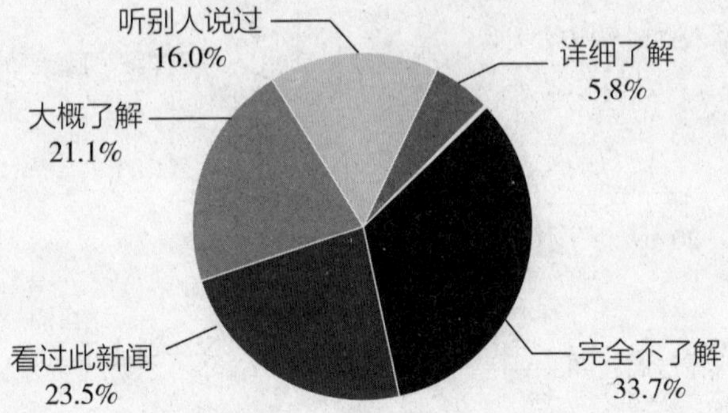

图 3　受访者对新闻“国务院出台楼市调控‘国五条’”的了解情况分布图

（3）莫言获得诺贝尔文学奖。

“莫言获得诺贝尔文学奖”这一新闻事件的获取情况是：73 人表示“详细了解”，占总数的 24.8%；81 人表示“大概了解”，占总数的 27.6%；76 人表示“看过此新闻”，占总数的 25.9%；31 人表示“听别人说过”，占总数的 10.5%；33 人表示“完全不了解”，占总数的 11.2%（见图 4）。由此可见，超过 80% 受访者接触过“莫言获得诺贝尔文学奖”这一新闻信息。

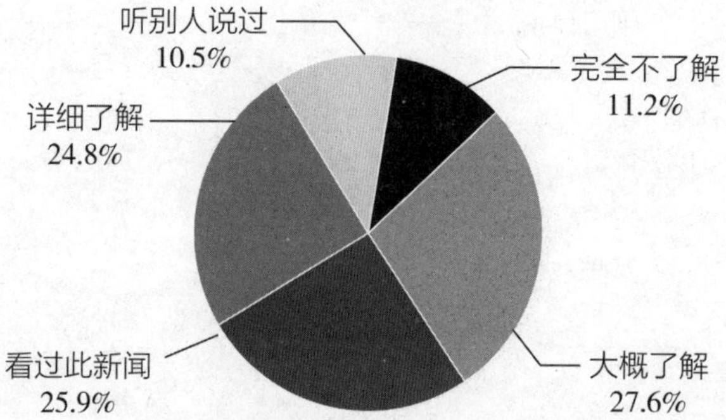

图 4　受访者对新闻“莫言获得诺贝尔文学奖”的了解情况分布图

（4）北京市将推“高考改革”。

“北京市将推‘高考改革’”这一新闻事件的获取情况是：21 人表示“详细了解”，占总数的 7.1%；60 人表示“大概了解”，占总数的 20.4%；69 人表示“看过此新闻”，占总数的 23.5%；61 人表示“听别人说过”，占总数的 20.7%；83 人表示“完全不了解”，占总数的 28.2%（见图 5）。由此可见，近 1/3 的受访者未接触过“北京市将推‘高考改革’”这一教育新闻。

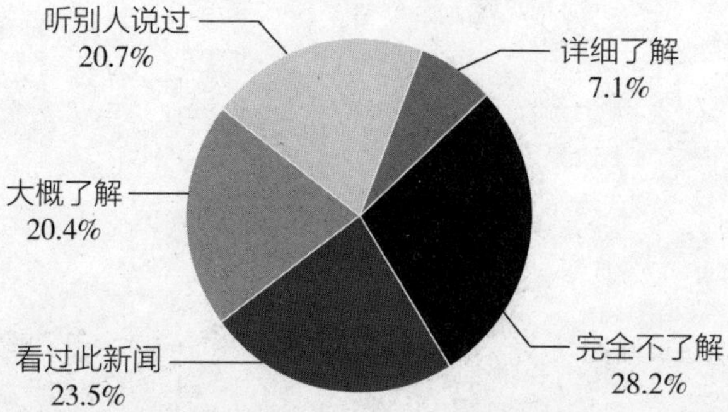

图 5　受访者对新闻“北京市将推‘高考改革’”的了解情况分布图

（5）恒大进入亚冠决赛。

“恒大进入亚冠决赛”这一新闻事件的获取情况是：34 人表示“详细了解”，占总数的 11.6%；36 人表示“大概了解”，占总数的 12.2%；66 人表示“看过此新闻”，占总数的 22.4%；48 人表示“听别人说过”，占总数的 16.3%；110 人表示“完全不了解”，占总数的 37.4%（见图 6）。由此可见，近四成受访者完全不了解“恒大进入亚冠决赛”这一新闻事件。

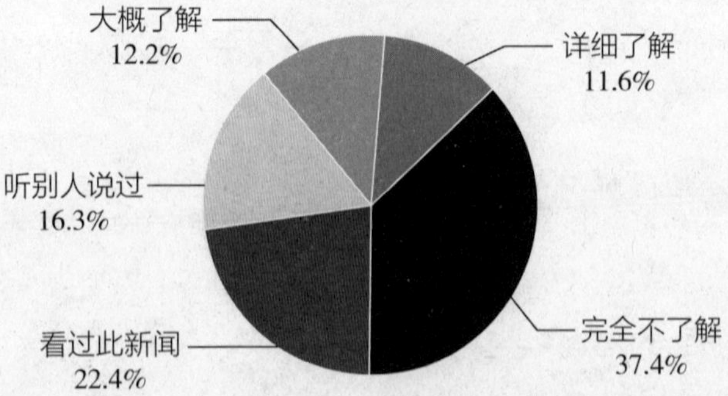

图6　受访者对新闻“恒大进入亚冠决赛”的了解情况分布图

（6）北京等多地遭遇“霾”伏（PM 2.5）。

“北京等多地遭遇‘霾’伏（PM 2.5）”这一新闻事件的获取情况是：50 人表示“详细了解”，占总数的 17.0%；59 人表示“大概了解”，占总数的 20.1%；85 人表示“看过此新闻”，占总数的 28.9%；37 人表示“听别人说过”，占总数的 12.6%；63 人表示“完全不了解”，占总数的 21.4%（见图7）。由此可见，超过 1/5 的受访者对此新闻事件毫不知情。

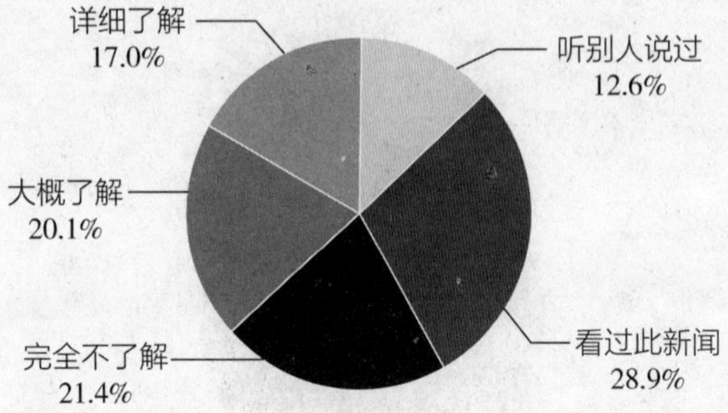

图7　受访者对新闻“北京等多地遭遇‘霾’伏（PM 2.5）”的了解情况分布图

（7）神十航天员太空授课。

“神十航天员太空授课”这一新闻事件的获取情况是：49 人表示“详细了解”，占总数的 16.8%；45 人表示“大概了解”，占总数的 15.4%；95 人表示“看过此新闻”，占总数的 32.5%；40 人表示“听别人说过”，占总数的 13.7%；63 人表示“完全不了解”，占总数的 21.6%（见图8）。“神十航天员太空授课”与时政、教育、科技均有关，但总体而言偏向于科技。由调查结果可知，对“神十航天员太空授课”这一新闻事件，近八成受访者表示接触过相关信息。

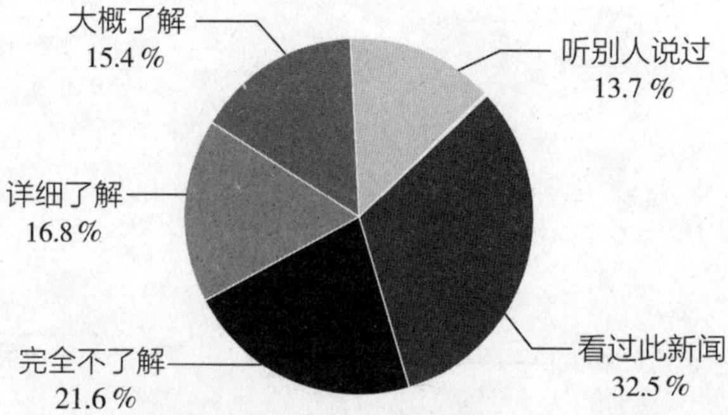

图 8　受访者对新闻“神十航天员太空授课”的了解情况分布图

（8）王菲李亚鹏离婚。

“王菲李亚鹏离婚”这一新闻事件的获取情况是：61 人表示“详细了解”，占总数的 20. 7%；57 人表示“大概了解”，占总数的 19. 4%；96 人表示“看过此新闻”，占总数的 32. 7%；38 人表示“听别人说过”，占总数的 12. 9%；42 人表示“完全不了解”，占总数的 14. 3%（见图 9）。“王菲李亚鹏离婚”是近期非常重磅的娱乐新闻，由数据可知，超八成受访者知道此新闻，超过四成受访者对此有一定了解（含“详细了解”和“大概了解”）。

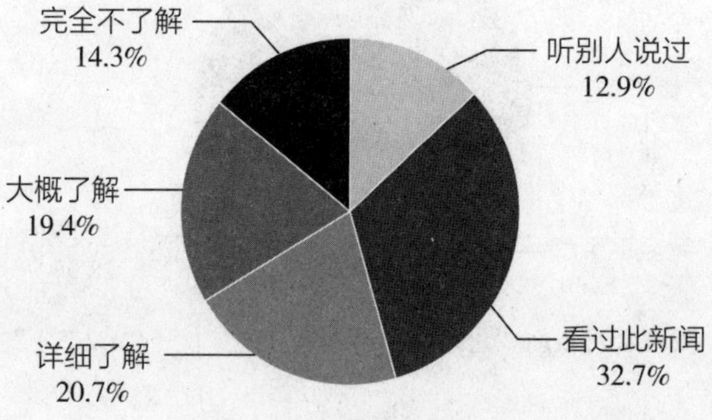

图 9　受访者对新闻“王菲李亚鹏离婚”的了解情况分布图

（9）刺死城管的小贩夏俊峰被执行死刑。

“刺死城管的小贩夏俊峰被执行死刑”这一新闻事件的获取情况是：52 人表示“详细了解”，占总数的 17. 7%；37 人表示“大概了解”，占总数的 12. 6%；90 人表示“看过此新闻”，占总数的 30. 6%；38 人表示“听别人说过”，占总数的 12. 9%；77 人表示“完全不了解”，占总数的 26. 2%（见图 10）。城管和小贩矛盾的社会新闻一度是社会关注的焦点，由调查结果可知，超过七成受访者表示曾经接触过该新闻信息。

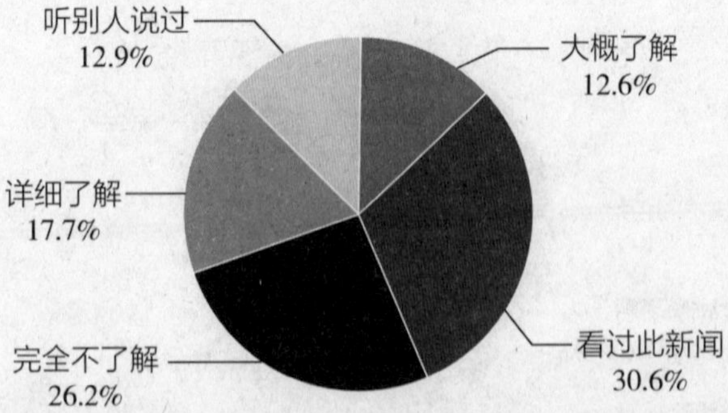

图 10　受访者对新闻“刺死城管的小贩夏俊峰被执行死刑”的了解情况分布图

（10）今年上半年多地现人感染 H7N9 病毒。

“今年上半年多地现人感染 H7N9 病毒”这一新闻事件的获取情况是：55 人表示“详细了解”，占总数的 18.8%；74 人表示“大概了解”，占总数的 25.3%；86 人表示“看过此新闻”，占总数的 29.4%；34 人表示“听别人说过”，占总数的 11.6%；44 人表示“完全不了解”，占总数的 15.0%（见图 11）。由此可见，44.1% 的受访者对“今年上半年多地现人感染 H7N9 病毒”的事件有一定了解（含“详细了解”和“大概了解”）。

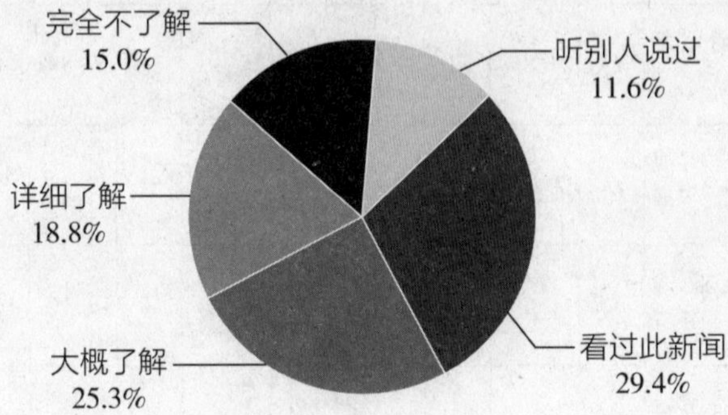

图 11　受访者对新闻“今年上半年多地现人感染 H7N9 病毒”的了解情况分布图

（11）4 月 20 日四川雅安发生 7 级地震。

“4 月 20 日四川雅安发生 7 级地震”这一新闻事件的获取情况是：120 人表示“详细了解”，占总数的 41.1%；80 人表示“大概了解”，占总数的 27.4%；72 人表示“看过此新闻”，占总数的 24.7%；12 人表示“听别人说过”，占总数的 4.1%；8 人表示“完全不了解”，占总数的 2.7%（见图 12）。由此可见，超过九成受访者获取过有关雅安地震的新闻信息，且整体了解度较高。

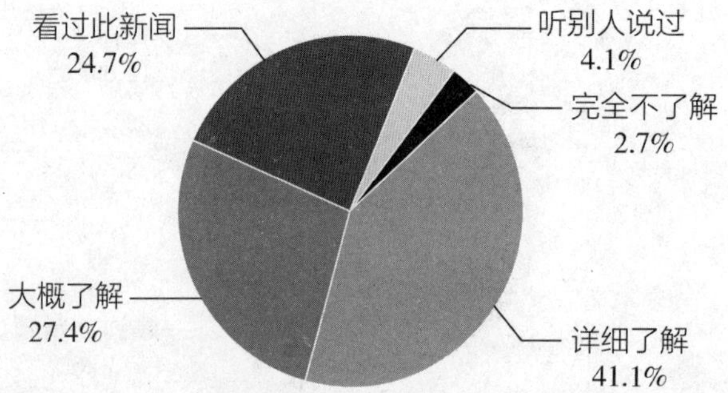

图 12　受访者对新闻“4 月 20 日四川雅安发生了 7 级地震”的了解情况分布图

2. 基于热点新闻了解程度的纵向比较

表 1　受访者对 11 个热点新闻事件的了解情况纵向比较表

新闻事件	详细了解		大概了解		看过此新闻		听别人说过		完全不了解	
	人数	占比	人数	占比	人数	占比	人数	占比	人数	占比
习近平总书记提出“中国梦”	49	16.7%	119	40.5%	74	25.2%	30	10.2%	22	7.5%
国务院出台楼市调控“国五条”	17	5.8%	62	21.1%	69	23.5%	47	16.0%	99	33.7%
莫言获得诺贝尔文学奖	73	24.8%	81	27.6%	76	25.9%	31	10.5%	33	11.2%
北京市将推“高考改革”	21	7.1%	60	20.4%	69	23.5%	61	20.7%	83	28.2%
恒大进入亚冠决赛	34	11.6%	36	12.2%	66	22.4%	48	16.3%	110	37.4%
北京等多地遭遇“霾”伏（PM 2.5）	50	17.0%	59	20.1%	85	28.9%	37	12.6%	63	21.4%
神十航天员太空授课	49	16.8%	45	15.4%	95	32.5%	40	13.7%	63	21.6%
王菲李亚鹏离婚	61	20.7%	57	19.4%	96	32.7%	38	12.9%	42	14.3%
刺死城管的小贩夏俊峰被执行死刑	52	17.7%	37	12.6%	90	30.6%	38	12.9%	77	26.2%
今年上半年多地现人感染 H7N9 病毒	55	18.8%	74	25.3%	86	29.4%	34	11.6%	44	15.0%
4 月 20 日四川雅安发生 7 级地震	120	41.1%	80	27.4%	72	24.7%	12	4.1%	8	2.7%

由上表可知，按照“详细了解”这一选项进行排序，“4月20日四川雅安发生7级地震”这一新闻事件的受关注度是最高的，其次是“莫言获得诺贝尔文学奖”。而“国务院出台楼市调控‘国五条’”是受关注度最低的。究其原因，事件的重大性是其一，地缘因素也是其中一个不可忽视的因素。在访谈中，有拉萨市民表示自身在饮食、商业等方面有受四川的影响，在拉萨的流动人口中，四川人也较多。

按照“完全不了解”这一选项进行排名，“4月20日四川雅安发生7级地震”和“习近平总书记提出‘中国梦’”这两个新闻完全不了解的人数最少，都不超过总受访人数的10%。而对“恒大进入亚冠决赛”和“国务院出台楼市调控‘国五条’”完全不了解的受访者人数最多，均超过了总受访人数的1/3。

五、拉萨市民资讯获取情况调查

（一）获取新闻事件的途径

在294名受访者中调查获取新闻事件的主要途径，该题为多选题，除去两份问卷该题为空，81人选择了报纸，占比27.7%；45人选择了杂志，占15.4%；159人选择了电视，占总人数的54.5%；49人选择了广播，占总人数的16.8%；161人选择了电脑上网，占55.1%；184人选择了手机等移动终端，占总人数的63.0%；通过与朋友闲聊获取新闻信息的有86人，占29.5%（见图13）。

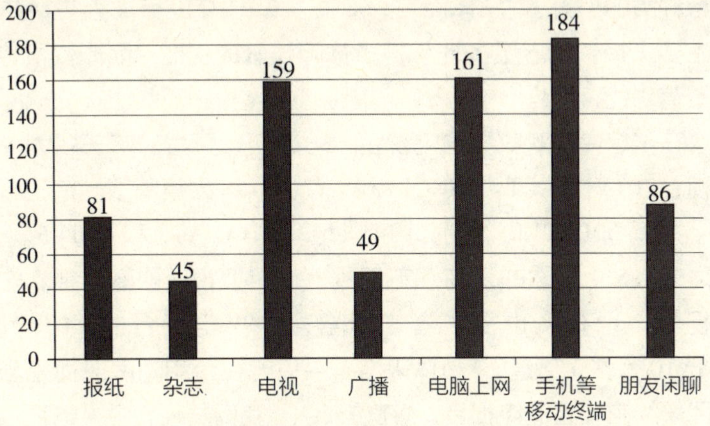

图13　受访者获取新闻事件的途径分布图（单位：人）

由此可见，在传统媒体中，电视占据绝对优势，其次是报纸，广播和杂志被选择的比率最低。网络媒体和手机媒体的崛起值得关注，其潜力和影响力不容忽视，人际传播也是一个相对比较重要的途径。

（二）日常获取资讯的主要媒体

为了更加具体地了解拉萨市民获取资讯的渠道，我们设置了一道开放性问题，即按资讯载体分类，让受访者写出自己经常使用的媒体。这些媒体包括报纸、杂志、电视台、广播和网站。从整体上看，阅读报纸比阅读杂志的人多，看电视比听广播的人多。

在“您最常看的报纸”一题中，填写的前三名为《拉萨晚报》、《西藏日报》和《西藏商报》。其中，55 人填写了《拉萨晚报》，34 人填写了《西藏日报》，29 人填写了《西藏商报》。另外，填写《人民日报》的也有 28 人。由此可以看出，受访人群看得比较多的还是西藏本地的报纸，《人民日报》作为全国性的报纸也颇受拉萨市民的关注。从报纸的种类而言，偏市民化的晚报受众要比偏严肃的党报的受众多。整体看来，地域性、娱乐性和休闲性是吸引市民看报纸的三大主因。

在“您最常看的杂志”一题中，填写的前三名为《读者》、《意林》和《青年文摘》/《知音》。其中，48 人填写了《读者》，10 人填写了《意林》，分别有 9 人填写了《青年文摘》和《知音》。从杂志的种类来看，文化类、生活类的文摘杂志比较受拉萨市民的欢迎。还有一些受访者填写的是“娱乐杂志”、“军事杂志”，虽未明确写出杂志名称，但是表达了自己对杂志内容种类的偏好。总体而言，新闻类杂志并没有成为拉萨市民的主要选择，杂志更多地承担了休闲娱乐的功能，而非资讯传播的渠道功能。

在“您最喜欢收看的电视台”一题中，填写的前三名为湖南卫视、CCTV1、CCTV13/CCTV5。其中，65 人填写了湖南卫视，19 人填写了 CCTV1，分别有 14 人填写了 CCTV13 和 CCTV5。除此之外，“上榜”的还有江苏卫视、旅游卫视、西藏卫视、安徽卫视等，也有多位受访者表示喜爱中央电视台的 CCTV12、CCTV10 等多个频道。总体来看，中央电视台和湖南卫视是当地人民最经常收看的电视台。在访谈中，我们发现，中央电视台主要为当地市民提供了新闻信息、知识等，而湖南卫视则主要以娱乐功能获得大家的喜爱。

在“您最常收听的广播频道”一题中，填写的前三名为中央人民广播电台、西藏人民广播电台和当地音乐频道。其中，21人选择了中央人民广播电台（含中国之声），9人选择了西藏广播，8人选择了当地音乐频道。在调查中我们发现，拉萨当地市民使用广播的频率虽然明显低于其他媒体，但也有不少受访者通过收听广播来接收新闻和娱乐信息。

在“您最常浏览的网站”一题中，填写的前三名为百度、腾讯和新浪。其中，71人填写了百度，26人填写了腾讯，23人填写了新浪。从网站的种类来看，除了搜索引擎，其他两家都属于整合性的门户网站。受访者在接受访谈时多表示，门户网站能够提供多种信息，满足自己的信息需求。

（三）每天看新闻的时长

在294名受访者中，除去3份问卷该题为空，105名受访者每天看新闻时间“少于半小时”，占有效回答数的36.1%；129名受访者每天看新闻的时间为“半小时至一小时”，占有效回答数的44.3%；47名受访者每天看新闻的时间为“一小时至两小时”，占有效回答数的16.2%；仅有10名受访者表示每天看新闻的时间在两小时以上，占有效回答数的3.4%（见图14）。

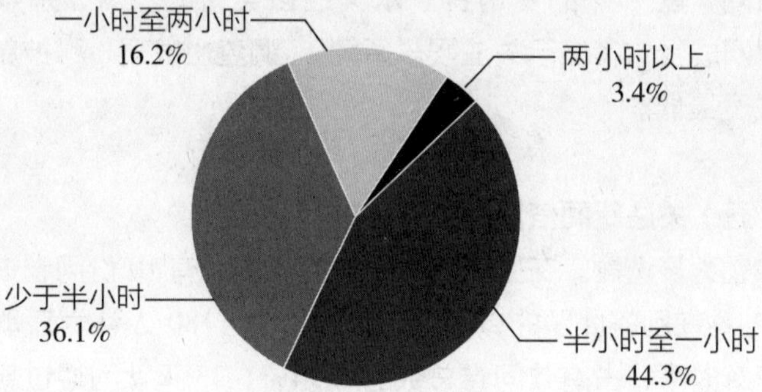

图14　受访者每天看新闻的时长分布图

由此可见，超过八成受访者表示每天看新闻的时间不超过一小时，每天看新闻时间在两小时以上的人数最少，仅占有效受访人数的3.4%。

（四）日常关注的新闻类型

该题为多选题，在回收的294份问卷中，有10份问卷该题答案为空。在回答此题的284份有效问卷中，127人表示关注时政新闻，占 44. 7%；73 人表示关注经济新闻，占 25. 7%；176 人关注社会新闻，占 62. 0%；107 人表示关注法制新闻，占 37. 7%；67 名受访者表示关注文化新闻，占 23. 6%；63 名受访者表示关注教育新闻，占 22. 2%；49 名受访者表示关注科技新闻，占 17. 3%；71 人表示关注体育新闻，占 25. 0%；114 人表示关注娱乐新闻，占 40. 1%（见图 15）。

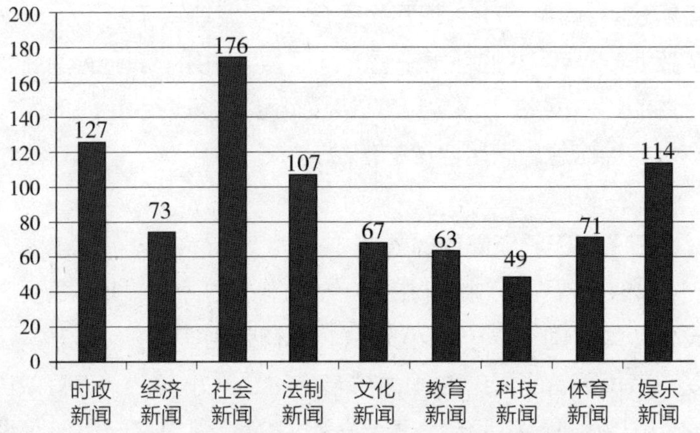

图 15　受访者日常关注的新闻类型分布图（单位：人）

由此可见，超六成受访者关注社会新闻，比例最高；其次是时政新闻，近 45% 的受访者表示关注该类新闻；第三是娱乐新闻，超四成受访者表示关注娱乐新闻。调查也发现，科技新闻的受关注度最低。

（五）关注新闻信息的主要目的

该题为多选题，在回收的 294 份问卷中，有 10 份问卷该题答案为空。在回答此题的 284 份有效问卷中，180 人认为获取新闻可以了解时事，占有效问卷总数的 63. 4%；33 人认为通过新闻获取谈资，占 11. 6%；55 人表示关注新闻有工作需要的因素，占 19. 4%；155 人表示看新闻是个人兴趣，占总数的 54. 6%；165 人认为接收新闻可以增长见闻，占总数的 58. 1%；86 人表示可以从看新闻中获得娱乐，占 30. 3%（见图 16）。

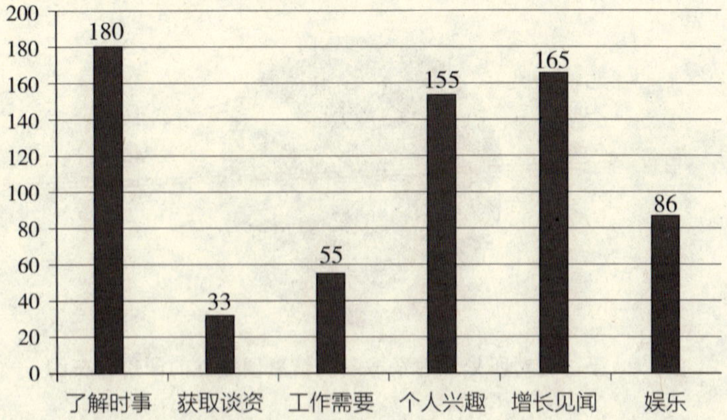

图 16　受访者关注新闻的目的分布图（单位：人）

由此可见，受访者主要认为可以从新闻中了解时事、增长见闻以及满足个人兴趣。

六、拉萨市民对获取信息便捷性的评价、关注程度及相关原因调查

（一）拉萨市民对所处环境获取信息便捷性的评价

关注新闻与否，除了是否感兴趣等主观因素外，客观环境下获取新闻信息是否便捷也会影响人们对新闻的关注程度。 为此，我们设置了四级量表来测量人们对所处环境获取新闻便捷性的评价。 在回收的 294 份有效问卷中，有 9 份问卷该题为空。

在回答此题的 285 份问卷中，认为所处环境获取新闻信息“挺便捷的”人数接近一半，共有 142 人，占到总数的 49. 8%；认为所处环境获取新闻信息便捷性“一般，有待改进”的人数占比也比较大，共 108 人，占总数的 37. 9%；认为所处环境获取新闻信息“很困难”的人相对来说比较少，共 23 人，占总数的 8. 1%；选择了“说不清”这个选项的人数最少，为 12 人，占总数的 4. 2%（见图 17）。

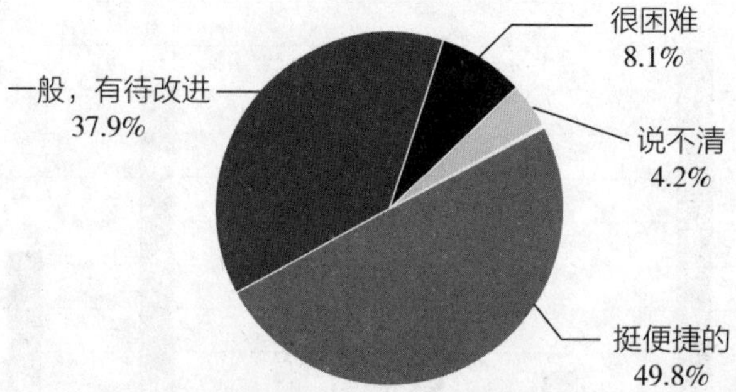

图 17　受访者对所处环境获取新闻信息便捷性的评价分布图

从图中可以看出，被访者对所处环境获取新闻信息的便捷性，作出积极评价的占多数；对现状不满，认为有待改进的也为数不少；认为获取新闻信息“很困难”的人则相对较少。由此可以看出，被访的拉萨市民对于所处环境获取新闻信息的便捷性作出的评价相对积极，但不能忽视的是，仍然有一部分人获取新闻信息比较困难，另有一部分人对目前的新闻信息获取环境不太满意。根据调研结果可以看出，从总体上说，拉萨市的新闻信息获取环境基本可以满足大部分人的需求，但是仍有待改善。

（二）日常生活中对热点新闻事件的关注程度

在日常生活中，与朋友的闲聊往往是围绕自己感兴趣的话题进行的。所以，在日常的闲谈中是否会跟朋友聊起国内热点新闻事件，也是一个用来评价人们是否关注国内热点新闻事件的好的参照物。为此，我们设置了“常常聊起”、“偶尔聊起”、“一般不会聊起”和“从未聊起”四级量表来对这个问题进行考察。在回收的 294 份有效问卷中，回答了这道题目的共有 286 份，缺失 8 份。

其中，选择“偶尔聊起”的人数最多，共 173 人，占总数的 60.5%；其次是选择“常常聊起”的，共 61 人，占总数的 21.3%；选择“一般不会聊起”的人数为 47 人，占总数的 16.4%；选择“从未聊起”的人数最少，仅为 7 人，占总数的 2.4%（见图 18）。

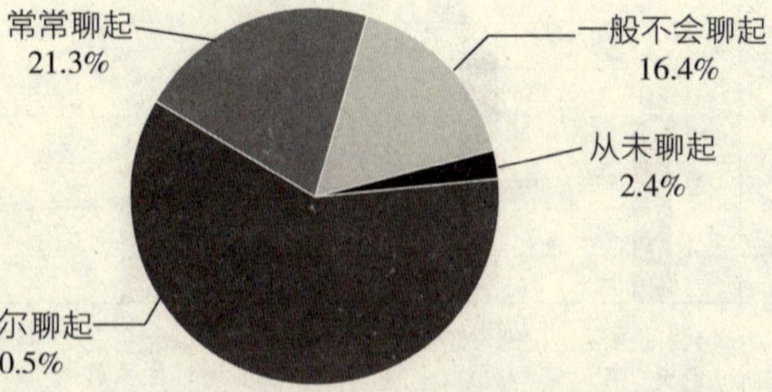

图 18　受访者平时跟朋友聊天是否涉及国内热点新闻事件的情况分布图

统计结果清晰地反映出，在日常闲谈中，虽然频率不一，但是大部分人都会聊起国内热点新闻事件。具体来看，“偶尔聊起”和“常常聊起”国内热点新闻事件的人占多数，“一般不会聊起”和“从未聊起”的人占少数，这反映出大部分人对热点新闻事件是感兴趣并且关注的，他们会在与朋友的交谈过程中涉及这些内容。

（三）对不关注国内新闻原因的主观评价

为了进一步了解拉萨市民不关注新闻的原因，我们设置了被访者认为“周围人不了解国内新闻的原因”的题目。

此题为多项选择题，在充分考虑了不同阻碍因素后，设置了如下选项：“与目前生活关系不大”——从新闻本身的价值出发；“忙碌没时间”——从人群自身的条件出发；“对新闻不感兴趣”——从对新闻的主观评价出发；“缺乏合适途径了解”——从获取新闻的渠道出发；“语言问题”——从调查区域的特点出发。共五个选项，涵盖了大部分可能影响人们对新闻的关注度的原因，如果有补充原因，被访者可在问卷上填写。

在回收的 294 份有效问卷中，共有 123 位受访者认为主观上“对新闻不感兴趣”是人们不了解国内新闻的原因，占比达 41.8%；另有 107 位受访者认为“忙碌没时间”是人们不了解国内新闻的原因，占比达 36.4%；选择“与目前生活关系不大”和“缺乏合适途径了解”的受访者各有 80 人和 60 人，占比分别为 27.2% 和 20.4%。认为是“语言问题”影响人们了解国内新闻的受访者最少，有 39 人，占比为 13.3%（见图 19）。

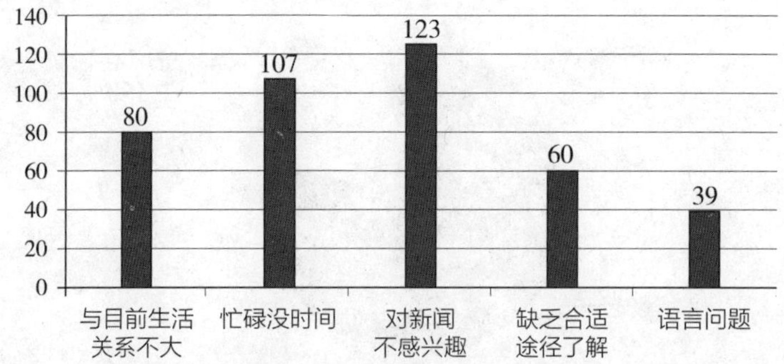

图 19　受访者认为周围人不了解国内新闻的原因分布图（单位：人）

整体上看，主观上对新闻价值的需求，客观上接触新闻的时间和条件都是影响人们不关注国内新闻的主要因素。由选择“语言问题”的人较少这一调查结果可以看出，虽然拉萨是一个藏民聚居地，但是语言问题并没有成为阻碍人们获取新闻的主要原因。

七、受访者基本信息统计及相关交叉分析

问卷的最后一部分为被访者信息，从性别、年龄、职业、学历、民族和家庭年收入六个方面收集了被访者的个人信息。

（一）性别比例及其交叉分析

在回收的 294 份问卷中，有 288 人回答了此题，其中，男性 143 位，占总数的 49.7%；女性 145 位，占总数的 50.3%。从性别来看，受访者的男女比例是比较均衡的（见图 20）。

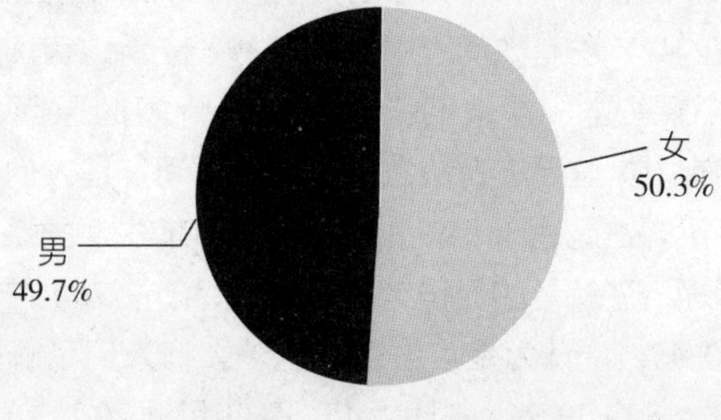

图 20　受访者性别分布图

为了了解性别是否会影响人们选择新闻的偏好，我们将性别数据与人们对不同新闻的关注程度数据作了一个交叉分析。

1. 政治新闻

关于“习近平总书记提出‘中国梦’”的新闻，选择“详细了解”的男性明显比女性多，而“大概了解”和“看过此新闻”或“听别人说过”的女性要比男性多，“完全不了解”的男性比女性多。从总体上看，了解此新闻的男性比女性多，接触过、听过或看过此新闻的女性比男性多，完全不了解的人数男女比例相差不大（见图21）。

可以看出，在接触面上，男性与女性之间并无显著差别。但是相较女性，更多的男性对此新闻表现出了更浓厚的兴趣。

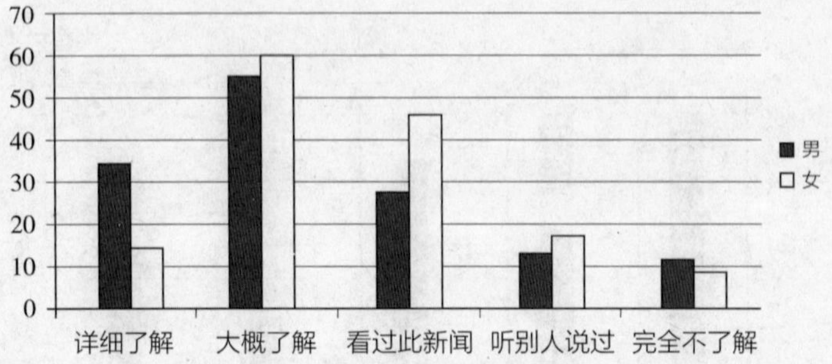

图21　不同性别对“习近平总书记提出‘中国梦’”的关注程度对比图（单位：人）

2. 经济新闻

关于“国务院出台楼市调控‘国五条’”的新闻，了解此新闻的男性明显多于女性，无论是选择“详细了解”、“大概了解”还是仅仅“看过此新闻”，男性都比女性多。而女性对此新闻表现出的兴趣比较小，具体体现在“完全不了解”此新闻的女性人数很多，“详细了解”的女性很少（见图22）。

在这条经济新闻上，男性与女性相比，前者的接触面更广且了解程度更深。

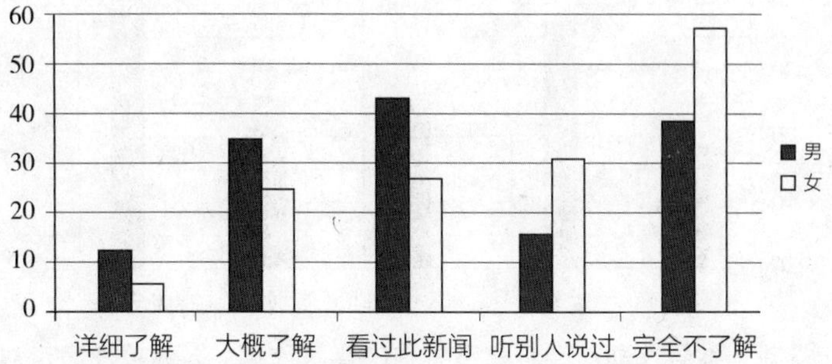

图22　不同性别对“国务院出台楼市调控‘国五条’”的关注程度对比图（单位：人）

3. 文化新闻

对于“莫言获得诺贝尔文学奖”这条新闻，在接触面和了解程度上，男性与女性的差别比较小。具体来看，达到“详细了解”程度的男性比女性要多，但是“大概了解”、“看过此新闻”以及“听别人说过”的女性要比男性稍多。因此，综合来看，接触过或了解此新闻的男性与女性数量差不多。选择“完全不了解”此新闻的男性则比女性多（见图 23）。

综合起来考察可以看出，在这条新闻上，虽然女性表现出了更高的关注度，但总体上来看，男女性之间的差别不大。

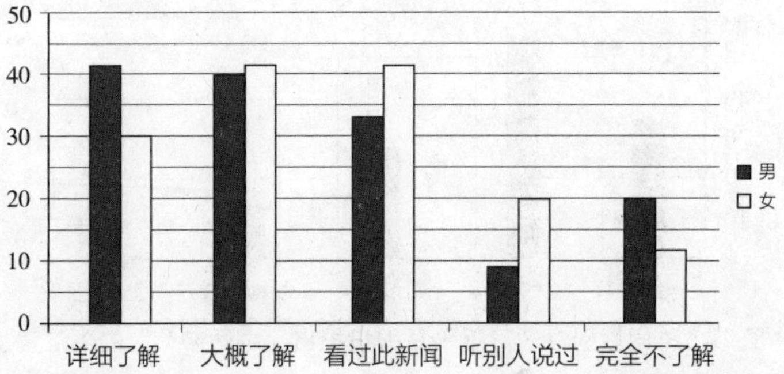

图 23　不同性别对“莫言获得诺贝尔文学奖”的关注程度对比图（单位：人）

4. 教育新闻

对“北京市将推‘高考改革’”的新闻，了解此新闻的男性明显多于女性，而接触过此新闻的女性比例比男性更高，“完全不了解”的男女性比例则比较均衡，但男性稍多一些（见图 24）。

从接触面上看，女性的接触面并不比男性窄，但是男性对此新闻的兴趣要浓厚一些，所以在了解程度上比女性更深。

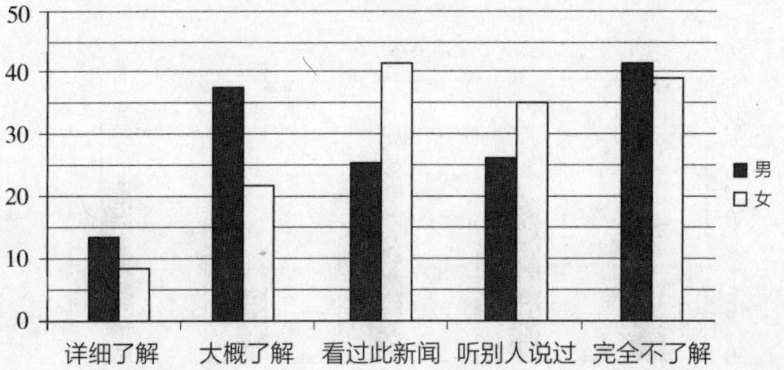

图 24　不同性别对“北京市将推‘高考改革’”的关注程度对比图（单位：人）

5. 体育新闻

对“恒大进入亚冠决赛”的新闻，男女性在了解程度和接触面上都呈现出比较大的差别，了解此新闻的男性明显比女性多，“完全不了解”此新闻的女性明显比男性多（见图25）。

可以看出，对这条体育新闻，女性明显表现出了较男性小的兴趣。

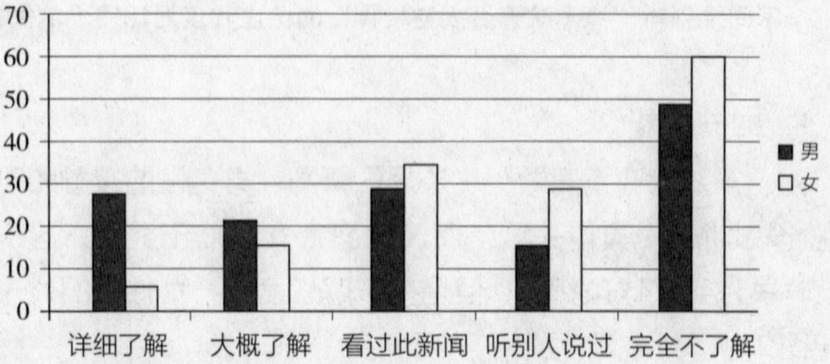

图25　不同性别对“恒大进入亚冠决赛”的关注程度对比图（单位：人）

6. 环境新闻

对“北京等多地遭遇‘霾’伏（PM 2.5）”这条新闻，男性依然表现出了更浓厚的兴趣，“详细了解”此新闻的男性大大多于女性。在接触面上，女性也比男性稍微窄一些。综合来看，对此条新闻，男性的接触面更广，也更有兴趣去了解（见图26）。

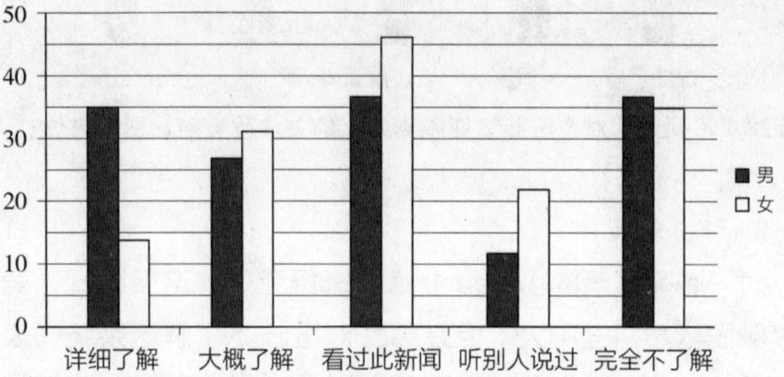

图26　不同性别对“北京多地遭遇‘霾’伏（PM 2.5）”的关注程度对比图（单位：人）

7. 科技新闻

对“神十航天员太空授课”这条新闻，男性与女性在了解和接触程度上都表现得比较均衡，但男性对此新闻的了解程度较女性深（见图27）。

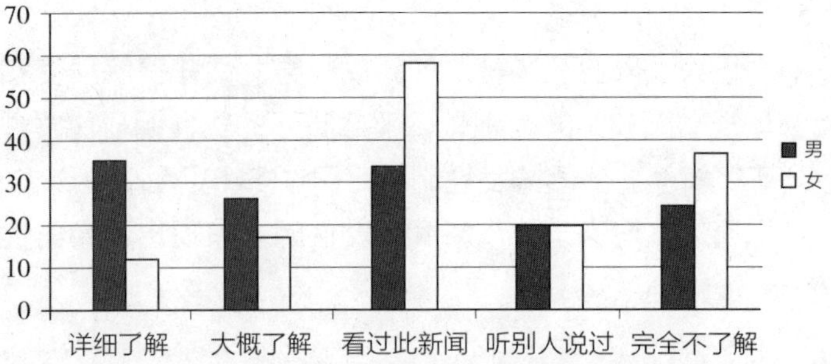

图 27　不同性别对"神十航天员太空授课"的关注程度对比图（单位：人）

8. 娱乐新闻

对"王菲李亚鹏离婚"这条娱乐新闻，男女性的接触和了解情况也比较均衡。具体来看，在接触面上女性广于男性，这说明更多女性关注到了这条新闻，但是在了解程度上，女性仍旧浅于男性（见图 28）。

综合来看，这条新闻男女性别的接触和了解情况趋同，但是关注到这条新闻的女性要多于男性。

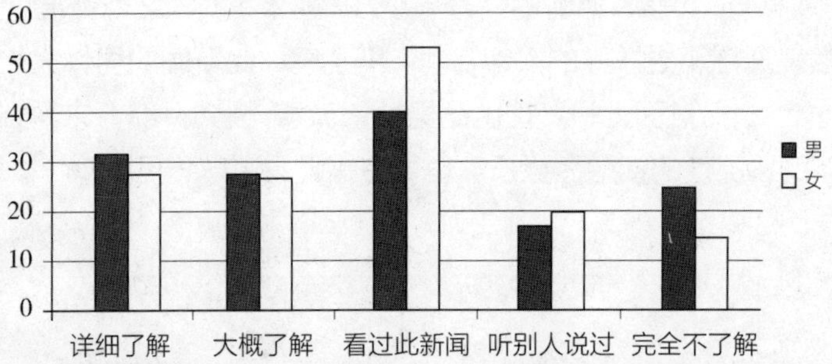

图 28　不同性别对"王菲李亚鹏离婚"的关注程度对比图（单位：人）

9. 社会新闻

对"刺死城管的小贩夏俊峰被执行死刑"这条新闻，男女性的接触面依然相差不大，但是男性对进一步了解这条新闻表现出了更大的兴趣，因为"详细了解"以及"大概了解"此新闻的男性多于女性（见图 29）。

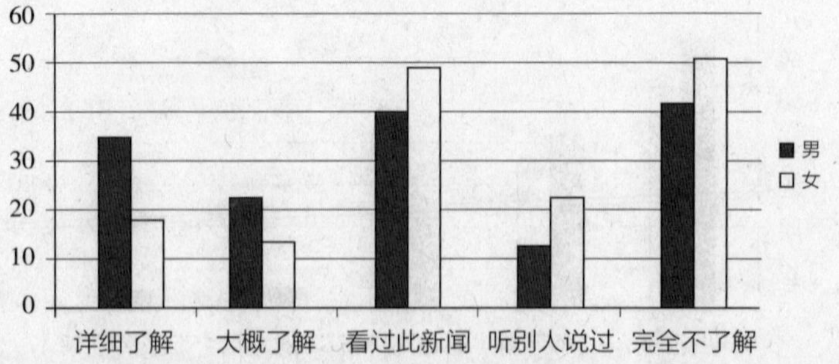

图 29　不同性别对“刺死城管的小贩夏俊峰被执行死刑”的关注程度对比图（单位：人）

10. 卫生新闻

对“今年上半年多地现人感染 H7N9 病毒”这条新闻，女性在接触面上并不比男性窄，大体来说比较均衡，但男性在了解程度上还是比女性要深（见图 30）。

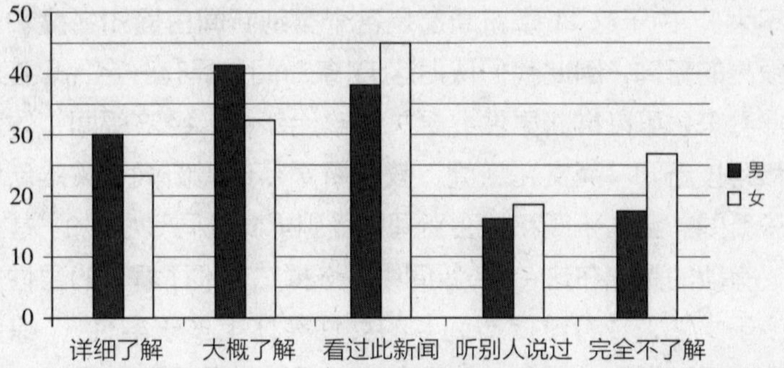

图 30　不同性别对“今年上半年多地现人感染 H7N9 病毒”的关注程度对比图（单位：人）

11. 灾难新闻

对“4 月 20 日四川雅安发生 7 级地震”这条新闻，虽然在了解程度上男性依然深于女性，但是这种差别并不大，而且选择“看过此新闻”的女性多于男性。因此综合来看，对雅安地震这条新闻，男女性皆表现出比较高的关注度（见图 31）。

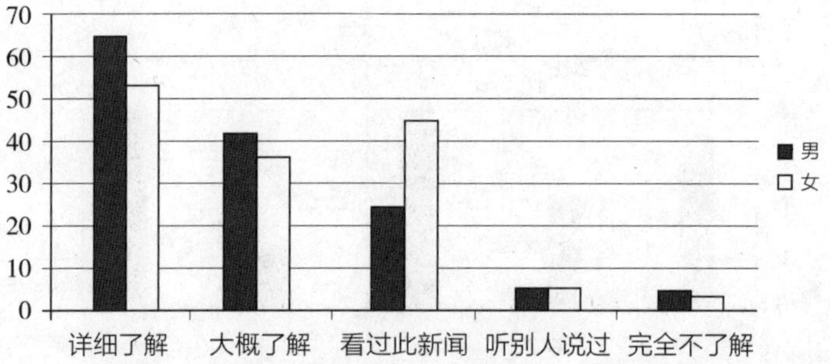

图 31　不同性别对“4 月 20 日四川雅安发生 7 级地震”的关注程度对比图（单位：人）

根据交叉分析的结果可以看出，男女性别对新闻的态度确实存在差别。具体来看，表现在政治新闻、经济新闻、体育新闻和科技新闻这四类上，男性的接触面要较女性广，了解程度也较女性深。而在文化新闻、教育新闻、环境新闻、灾难新闻、娱乐新闻、卫生新闻和社会新闻上，男性和女性的关注度和接触面相差并不大。由于这 11 条新闻都是各个类别新闻里面知名度和传播度很高的新闻，因此我们认为这 11 条新闻是具有一定代表性的。由此看来，可以推断男性会更关注政治新闻、经济新闻、体育新闻和科技新闻，而文化新闻、教育新闻、环境新闻、灾难新闻、娱乐新闻、卫生新闻和社会新闻则受到男女性同等程度的关注。

有趣的是，在这 11 条新闻中，选择“详细了解”的男性整体上多于女性，“看过此新闻”的女性整体上多于男性。综合来看，在接触面上，男女性并没有太大差别，但是男性更加关注新闻的深度和广度，女性则更多局限于对新闻的知晓，对新闻全面性、深入性的关注度并不高。

（二）年龄分布

我们以十年为一个跨度，对年龄进行了比较详细的划分，分别为 19 岁以下，20～29 岁，30～39 岁，40～49 岁，50～59 岁以及 60 岁以上。在 294 名受访者中，共 288 人提供了年龄信息。在 288 份有效年龄信息样本中，因为配额时学生配额相对较多，因此 20～29 岁的受访者所占比例较大，约占 63.5%。其他年龄段的人数则分配比较平均，19 岁以下的有 48 人，占总数的 16.7%；30～39 岁的人为 28 人，占总数的 9.7%；40～49 岁的有 24 人，占总数的 8.3%；50～59 岁的有 4 人，占总数的 1.4%；60 岁以上的有 8 人，占总数的 0.3%（见图 32）。

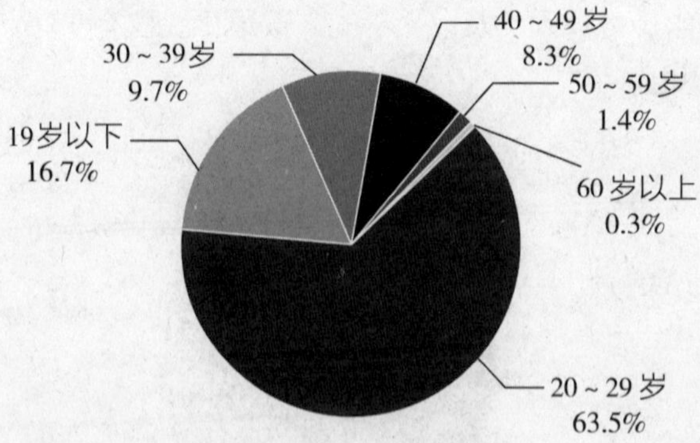

图32　受访者年龄分布图

（三）职业分布

我们将职业按大的类别划分为农业从业者，商业从业者，工业从业者，教师、医生、公务员，学生以及其他六大类，基本上涵盖了拉萨市民的职业类别。在回收的294份问卷中，有6人未勾选此题，因此共有288人回答此题。其中，学生人数最多，为125人，占总数的43.4%；其次是教师、医生、公务员，共68人，占总数的23.6%；商业从业者共39人，占总数的13.5%；工业从业者有19人，占总数的6.6%；农业从业者有10人，占总数的3.5%；选择“其他”的有27人，占总数的9.4%。

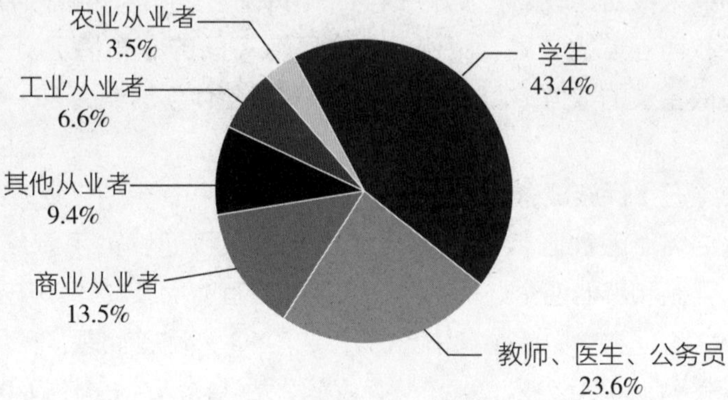

图33　受访者职业分布图

（四）学历分布

我们将学历划分为“初中及以下”、“高中/中专”、“大专/本科”以及“硕士及以上”四个类别，在回收的294份问卷中，此题缺失6份，共288人回答此题。其中“大专/本科”学历的有200人，占比达69.4%；其次是“高中/中专”学历的，共44人，占比达15.3%；“初中及以下”人数为31人，占比为

10.8%；学历为“硕士及以上”的人数最少，仅有 13 人，占比为 4.5%（见图 34）。

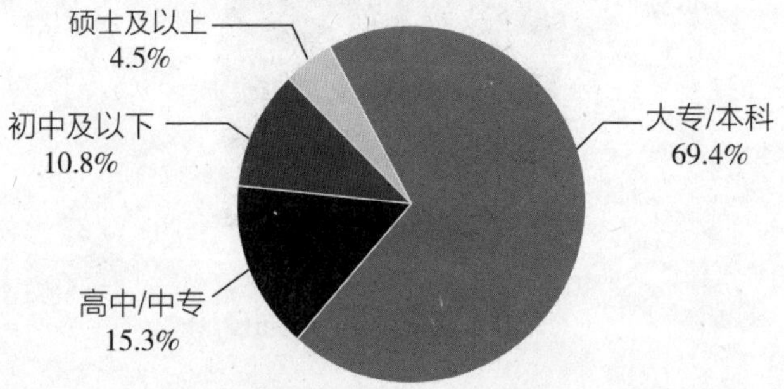

图 34　受访者学历分布图

根据西藏自治区 2010 年第六次人口普查公布的数据显示，截至 2010 年，全区常住人口为 3 002 166 人，其中拉萨市 559 423 人。全区常住人口中，具有大学（指大专以上）文化程度的人口为 165 332 人，占总人口的 5.5%；具有高中（含中专）文化程度的人口为 131 024 人，占总人口的 4.4%；初中及以下学历的占总人口的 49.4%，其中具有初中文化程度的人口为 385 788 人，具有小学文化程度的人口为 1 098 474 人。从西藏人口学历的整体情况来看，大专及以上学历的人数占比是偏低的，而初中及以下学历的人数占比较高，接近一半。不排除拉萨作为西藏省会，人群受教育程度比较高，比例会较全区有不同的分布情况。但是与人口普查的数据相比，我们的调查对象整体学历偏高。

（五）民族成分

结合西藏地区特殊的人文地理背景，我们设置了藏族、汉族、回族和其他四个选项，以获取被调查者的民族成分。在回收的 294 份问卷中，此题缺失 6 份，共有 288 人回答此题。其中，藏族人为 136 人，占比 47.2%；汉族人为 141 人，占比 49.0%；回族人为 8 人，占比 2.8%；其他民族的人为 3 人，占比 1.0%（见图 35）。

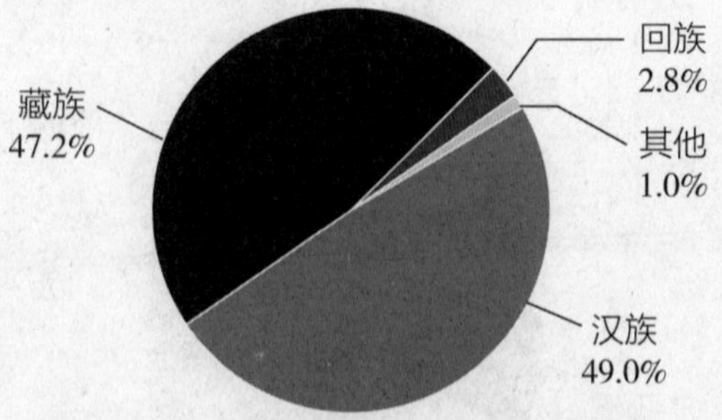

图 35　受访者民族情况分布图

虽然是在西藏，但汉族受访者与藏族受访者人数较为均衡，主要受以下几个因素的影响：一是语言问题，虽然我们找了志愿者协助调查，但是受时间限制，在问卷发放的过程中，听不懂汉语也不认识汉字的藏族受访者很少接受访问，这是我们调查中不足的地方；二是由于拉萨有很多汉族人定居，也有很多汉族人在拉萨从事商业活动，所以汉族人本身基数就比较大，因此受访的汉族人数也比较多。

（六）经济状况

在家庭年收入方面我们划分得比较细，有 11 个等级，依次为“1 万元以下”，“1 万 ~2 万元”，“2 万 ~3 万元”，“3 万 ~4 万元”，“4 万 ~5 万元”，“5 万 ~6 万元”，“6 万 ~7 万元”，“7 万 ~8 万元”，“8 万 ~9 万元”，“9 万 ~10 万元”以及“10 万元以上”。

在回收的 294 份问卷中，有 18 份此题未选，即共有 276 人回答此题。从调查结果来看，家庭年收入在“1 万元以下”的受访者最多，为 106 位，占比为 38.4%；其次是“1 万 ~2 万元”，为 35 人，占比为 12.7%；第三位是“4 万 ~5 万元”，共 29 位，占比为 10.5%；第四位是“2 万 ~3 万元”，共 24 位，占比为 8.7%；第五位是“10 万元以上”，共 22 位，占比为 8.0%；第六位是“3 万 ~4 万元”，共 16 位，占比为 5.8%；第七位是“5 万 ~6 万元”，共 13 位，占比为 4.7%。家庭年收入为 6 万 ~10 万元的人群分布比较平均，其中，选择“6 万 ~7 万元”和“7 万 ~8 万元”的受访者均有 8 位，各占 2.9%；选择“8 万 ~9 万元”的有 6 位受访者，占比 2.2%；选择“9 万 ~10 万元”的有 9 位受访者，占比为 3.3.%（见图 36）。

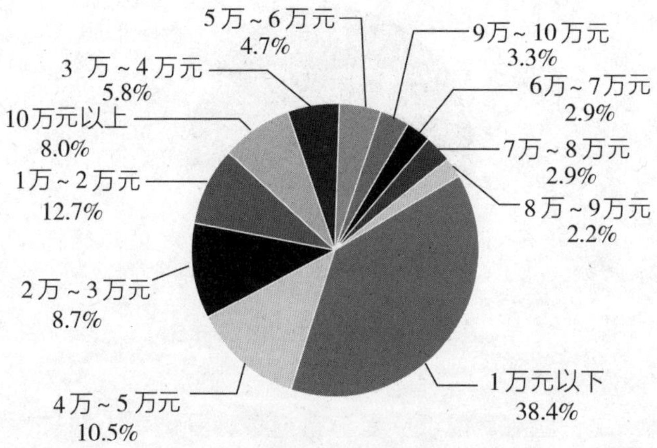

图36　受访者家庭年收入情况分布图

从上图可以看出，家庭年收入在3万元及以下的人群最大，占比接近60%，3万~7万元之间的人群占比为23.9%，7万元以上的占16.4%。随着家庭年收入的增高，人数呈现明显的递减趋势。从调研结果来看，在我们抽样的人群中，家庭年收入整体偏低，以收入水平划分，低收入人群占大多数，呈现明显的金字塔结构。

七、研究结果

通过研究，我们发现：

（一）拉萨市民对国内热点新闻事件的关注及了解情况

（1）拉萨市民基本都会关注国内热点新闻事件的相关信息。

（2）媒体在公众了解国内热点新闻事件方面发挥着重要作用。

（3）将拉萨市民对国内热点新闻事件的了解情况，按每个程度所占比例大小排序，依次是“看过此新闻”、“大概了解”、“完全不了解”、“详细了解”、“听别人说过”。可以解读为大众对新闻事件的了解程度，最偏向于“看过此新闻”即“从媒体上获知有该新闻事件发生，但并不十分了解前因后果”。这一结果主要通过定量统计得出：将受访者对11个热点新闻事件了解情况的有效选项总数作为总量即3 229次，其中选择“详细了解”的频次为581次，占18.0%；选择“大概了解”的频次为710次，占22.0%；选择“看过此新闻”的频次为878次，占27.2%；选择“听别人说过”的频次为416次，占12.9%；选择

“完全不了解”的频次为644次，占19.9%。

我们建议，新闻媒体在发挥“告知”作用的同时，应加大在“深度”、“解读”方面的作用，使受众不仅知道有该事件发生，还能进一步知晓“是什么”和“为什么”。

（二）拉萨市民资讯获取情况

（1）在传统媒体中，电视占据绝对优势，其次是报纸，广播和杂志地位最低；网络媒体和手机媒体呈现崛起和反超趋势。

（2）超过八成受访者表示每天看新闻的时间不超过一小时。

（3）新闻类型按受访者关注度高低排行，依次是社会、时政、娱乐、法制、经济、体育、文化、教育、科技。

（4）受访者主要认为可以从新闻中了解时事、增长见闻以及满足个人兴趣。

（5）将各年龄层使用新媒体（网络和手机等移动媒体）与不使用新媒体的情况进行对比，20~29岁的人占比最大，即相比其他年龄层，20~29岁的人对新媒体的选择偏向性更大。

这一结果主要通过定量统计得出，其中需要说明的是：

首先，信息渠道的使用情况主要按照个案百分比进行排序，尽管数据受到受访者年龄层的影响，但新媒体的崛起不容忽视。

其次，将各年龄层使用新媒体和不使用新媒体的人数进行对比，20~29岁的人占比最大，这一年龄层使用电脑获取新闻信息的人数与不使用电脑获取新闻信息的人数的比例是1.5∶1；使用手机获取新闻信息与不使用手机获取新闻信息的人数的比例为2.3∶1。

最后，50岁以上受访者人数较少，仅有5人，但其中3人使用新媒体获取新闻信息。一方面，数据提醒我们在日后的调查中需要提高这一年龄层的受访者比例；另一方面，也可从中浅窥，新媒体使用在老年人群中也有所发展。

我们建议，在新闻信息传播过程中要高度重视新媒体的运用，加强对新媒体的研究。

（三）拉萨市民对信息的便捷性评价、关注程度及相关原因

（1）多数拉萨市民对自己所处环境获取新闻的便捷性作出了积极或中性的评价。

（2）在与朋友聊天的过程中，多数拉萨市民会聊起国内的热点新闻事件，这说明对新闻事件的关注已经融入了市民的生活中。

（3）从地域的角度看，虽然身处藏区，但是大多数受访者并不认为“语言问题”是周围人不关注新闻的主要因素。这从另外一个侧面反映出，大部分拉萨市民是有能力接收大众传播的内容的。

以上结果是通过定量统计得出的，综合以上结果我们建议，第一，仍须提高当地大众传播媒介的覆盖率，消除客观环境对部分人群获取信息的阻碍；第二，当地新闻、服务性新闻及全国性新闻，是当地媒体须要重视的内容，因为实用性、接近性是吸引拉萨市民关注的主要因素。

（四）个人信息及相关交叉分析

（1）问卷覆盖的男女比例比较均衡，接近人口普查所反映的西藏男女比例。通过交叉分析我们发现，在对新闻的接触面方面，男性与女性相差不大，但是在对新闻的了解程度方面，男性的了解程度明显要比女性深。由这个结果可以看出，女性相较男性更容易满足于简单知晓某一新闻，而不会主动去关注新闻事件的背景、进展、演变等。

（2）受访的人群中，汉族人比藏族人多。虽然拉萨特殊的政治经济地位可能会使拉萨的汉族人偏多一些，但是我们也必须承认：由于语言的问题，有一部分藏族人并没有被覆盖到。因此，认为语言问题不是影响人们了解国内新闻的原因的受访者偏少，也许与此有关系。

（3）从人们填写的家庭年收入来看，拉萨市民的经济收入是偏低的，家庭年收入在3万元以下的占了很大一部分。从低收入到高收入，人数一直是呈递减状态，中间收入的人不够多。以经济状况划分，拉萨市民的收入状况呈现金字塔结构，但这仅仅是从对本次调查对象的分析中得出的，局限性不可避免。

由以上结果我们建议：针对女性接收信息的特点，拉萨当地媒体要细分传播市场，针对女性的新闻产品要考虑女性相对表层化的阅读习惯。在传播中要特别考虑多元收入人群的关注点和兴趣点，力求传播的公平性。

（作者均系暨南大学新闻与传播学院研究生）

藏媒观察

西藏人民广播电台从业人员的新媒体素养调研报告

吴　侠（Wu Xia）　李丹青（Li Danqing）
林逸康（Lin Yikang）　严　艳（Yan Yan）

一、研究背景

（一）新媒体发展迅速，手机成新增网民第一来源

2013 年 7 月 17 日，中国互联网络信息中心（CNNIC）发布了第 32 次《中国互联网络发展状况统计报告》。报告指出，截至 2013 年 6 月底，我国手机网民规模达 4.64 亿，较 2012 年底增加约4 379万人，网民中使用手机上网人群占比由 74.5% 提升至 78.5%，较 2012 年下半年增速有所提升。

（二）随着新媒体时代的到来，我国对媒介素养的研究力度加大

近年来，随着社会信息化程度的提高，新旧媒体并存，信息海洋驳杂多态，真假难分，“媒介素养”的概念应运而生。媒介素养这一概念诞生于西方，20 世纪 30 年代初期，英国学者开始倡导媒介素养教育。20 世纪 70 至 80 年代，由于官方和联合国教科文组织的介入，学校的媒介素养教育开始形成规模，很多国家都将媒介素养教育纳入学校课程内，并陆续发展出许多教学模式及课程教材以供参考。媒介素养主要指人们对各种媒介信息的解读和批判能力以及使用媒介信息为个人生活、社会发展所用的能力。① 其主要针对受众对媒介信息的接触程度、查找信息能力及辨别良莠能力三方面进行探讨。进入新世纪以来，媒介素

① 张志安，沈国麟．媒介素养：一个亟待重视的全民教育课题——对中国大陆媒介素养研究的回顾和简评[J]．新闻记者，2004（5）．

养成为我国新闻传播学界的热门话题。然而相较于国外媒介素养研究八十余年的历史和成果，我国的媒介素养研究仍呈现起步较晚、成果零散和研究覆盖面狭小的特点。特别是风险社会中不断出现的公共危机，引发了国内学者、政府对媒介素养的关注和反思。

（三）目前关于媒介素养的研究主要集中于东中部经济发达地区

从发展趋势来看，媒介素养教育正逐渐向全民教育、终身教育的方向发展。以“媒介素养”为关键词在中国知网里进行搜索，共检索出 7 009 条结果。但大多数研究集中于东中部经济发达地区的中小学、青年等群体身上，而对生活在经济不发达地区的少数民族或其他群体的媒介素养研究力度远远不够。我国少数民族自治地方行政区域的面积约占全国总面积的 64%，人口约 1.064 3 亿万人。而与之相对的是，倘若按照信息社会的相关标准来进行衡量，这些地区尤其是区域内的农村地区，存在的一大特征是媒介尚不够发达，农民的媒介素养也相对较低。面对快速发展、变动中的外部世界，少数民族和不发达地区亟须不断提高公众的媒介素养。

二、研究问题及意义

基于以上背景，对经济不发达地区少数民族的媒介素养调查和研究是极其必要且紧迫的。在新媒体时代，与其宣扬传统媒体“灭亡论”，不如相信“融合说”。现代信息社会已全面进入融媒时代，传统媒体只有与新媒体加强融合，发挥自身“内容为王”的优势才能立足；而新媒体也需要积极与传统媒体进行有效整合，才能规避自身信息冗杂、真实性有待提高的先天不足。在此环境下，本课题进行了“西藏人民广播电台从业人员的新媒体素养调研”，将调研焦点瞄准西藏，研究当地具备一定特色和优势的传统媒体从业人员的新媒体素养，并力图探讨当地传统媒体发挥自身权威性，信息有效、真实性优势的同时，采取了哪些与新媒体积极融合的措施以供其他偏远地区甚至经济不发达地区的传统媒体借鉴。

主要研究内容分为以下几个板块：①定义梳理。通过前期文献资料搜集，对国内外关于媒介素养以及新媒体素养的定义、特点和要求作简要概述。②西藏人民广播电台的发展现状分析及未来发展展望。以问卷调查法对西藏人民广播电台的从业人员结构、目前工作状态等问题进行分析，并通过有针对性的访谈，了解西藏人民广播电台的传媒发展和信息传播现状，为探讨其新媒体素养作宏观扫描。③深度访谈副台长和新媒体中心主任，目的在于了解管理层对该电台从业人员的新媒体素养情况的看法。

"西藏人民广播电台从业人员的新媒体素养调研"具有以下意义：

（一）理论意义

近十年，媒介素养已经成为我国新闻传播学界和业界的热门话题。由于"媒介素养"的明确概念产生于西方，国内对媒介素养的研究基本集中于对西方理论资源的引介与阐发，并呈现出"西方中心"的倾向。西方媒介素养教育的进展自然为我们提供了一个独特的视角，不过，借鉴别国的理论与教育模式仅仅只是一个开端。清楚认识和认真审视我国国情，对我国媒体和受众进行实地调研，提出有中国特色的媒介素养教育之路才是我们应该努力的方向。目前我国的媒介素养研究呈现一个趋势，即研究的焦点集中在经济发达的城市地区，也就是"城市中心"论。相对而言，对于中西部地区的媒介素养研究既十分迫切又十分必要，因此本课题的研究能丰富我国关于媒介素养的研究，且研究视角由传统媒介素养研究转为新媒体素养的研究，能有效丰富媒介素养研究的内容，拓展媒介素养研究的理论深度。

（二）实践意义

（1）通过调研，将西藏地区传媒发展情况和信息传播现状展示出来，为新闻业界提供一个了解西藏及当地媒体的窗口。

（2）通过媒体从业人员的新媒体素养调研和相关访谈，从侧面透视西藏人民广播电台的新媒体发展情况，提炼其做得好的地方，总结其不足之处。通过综合对比分析，也希望能够为同类媒体的发展提供可资借鉴的样本。

三、文献综述

国内对于广播的研究主要集中在"三网融合"、广播电视内容生产、广播发展策略研究等，而对广播新媒体的系统研究较少，当然针对少数民族地区如西藏人民广播电台从业人员新媒体素养的研究更是付之阙如。目前，国内关于广播新媒体的研究主要集中在以下几个方面：

（1）传统广播“新媒体化”发展策略、发展方向、探索途径与实践，广播的新媒体融合路径、变迁趋势，数字媒体时代中国广播传播形态研究等。

（2）构建中国广播电视新媒体政策体系研究，新媒体影响下的广播电视传媒业经营模式研究，网络广播现状和经营理念，国家应急广播体系中新媒体运作模式及传播方式等。

（3）新媒体时代广播新闻的应对策略，城市广播电视媒体的发展策略研究，新媒体挑战下交通广播的发展之路，专业化、类型化广播在新时代的发展等。

首先，国内关于广播的研究大部分是围绕在媒介大融合的背景下，传统广播如何转型以适应形势发展的问题而展开的。21世纪初，国内学者开始对媒介融合的概念及其具体业务进行研究。蔡雯教授较早地将媒介融合的理论引入国内，提出“媒介融合”的概念和实践方法，分析了“融合新闻”影响下新闻传播业务正在发生的变化，以及这种变化带来的挑战。①

中国传媒大学曹璐教授从世界传播格局的变革背景出发，提出面对互联网，传统媒介谁能够尽早利用它，谁就会在未来的竞争中赢得先机。他认为数字音频广播能够在传播声音的同时传播图片、文字等，这是广播数字化生存的方式，但不意味着传统“听”的广播将退出历史舞台。浙江传媒学院学者蔡国栋基于新媒体全面改变媒介生态的事实，认为几乎所有的电台乃至频率都在涉足、借力新媒体，具体形式多样、路径不同，但目的都是一个：就近、快速、低成本切入互联网新媒体。他还总结了主要包括平台渠道、内容策略、运作方式、商业模式等几大路径。针对目前电台涉猎新媒体后，内容形态落后、流量有限、影响不大、商业价值匮乏等实际情况，他认为要极目远望，实施蓝海战略，更新观念，扬长避短，重点突破，做媒体化、都市化的产品。②

其次，一些学者从传播新媒体政策、新媒体环境下广播的经营发展、国家应急广播体系中新媒体运作等宏观角度对广播进行研究。有学者认为媒介融合可能会带来管理体制、管理方式、管理观念的转变，而广播电视新媒体的发展离不开政策，应该不断

① 蔡雯．媒介融合前景下的新闻传播变革——试论“融合新闻”及其挑战[J]．国际新闻界，2006（5）．

② 蔡国栋，陈永松，张军利．广播的新媒体融合路径[J]．现代传播（中国传媒大学学报），2012（10）．

制定和完善广电新媒体政策体系。① 也有人认为，传媒业经营模式的构建是一个长期的、循序渐进的系统工程，尤其是我国传媒业处于不断变化的动态环境。在新媒体环境下，我国广播电视传媒业经营模式应该选择以“信息服务型＋多元化经营型＋技术领先的差异化型”为一体的综合型经营模式，这种模式不仅可以保证让广播电视传媒业积极应对新媒体的冲击，也可以在未来的市场竞争中保持持续的竞争优势。② 针对网络广播的现状和经营理念，也有业界人员通过对国内广播电台在互联网上的作为的考察，提出网上电台的经营理念，即超媒体的网络广播将使传统广播的本质发生变化；节目资源的组合是网络广播节目存在的形式；网络广播传播的是具有个性化、本地化和社区化的多元文化。③ 此外，亦有学者建议在传统公共应急体系中，加快建设以国家应急广播为主体、中广网为核心的国家应急广播新媒体服务网络，这将有助于加速传统广播的升级、提升应急广播的影响力和核心竞争力。

同时，还有一些从具体的广播新媒体操作实践方面进行的研究。就传统广播新闻媒体而言，在构建新媒体产业链时，要适时开发适合新型平台的内容资源。针对新媒体时代的城市广播，有学者认为数字化技术的迅速发展使得城市广播必须改变以往传统媒介的发展逻辑，实现理念与发展模式的“重塑”，力求在为本地区听众提供即时、有效信息服务的同时逐步发展社区广播，完善广播节目的社会化生产与市场化经营，真正成为公正与公平的信息资源平台。

城市交通广播更是如此，面对日益激烈的媒体竞争，我们必须要以全新的视野、新媒体的观念去探索其未来的发展战略，要在节目设计、互动模式和移动终端应用等方面有所创新，才能继续保持自己的优势，进而争取更大的发展空间。此外，还有一些就国内专业化、类型化广播在新媒体时代的发展前景、发展策略的研究。数字化技术的引入使频率资源大大增加，为专业化、类型化广播的发展提供了极大的动力，也对传统的广播认知和传播理念提出了挑战。因此，由理念的转变到策略的制定，都是传统

---

① 黄炜. 构建中国广播电视新媒体政策体系研究[D]. 中国传媒大学博士学位论文，2007.

② 张弛. 新媒体影响下的广播电视传媒业经营模式研究[D]. 大连海事大学硕士学位论文，2012.

③ 杨叶青. 论网络广播——网络广播现状和经营理念[J]. 现代传播（北京广播学院学报），2000（6）.

广播媒体要重新思考的问题。一方面要突出频率的整体风格，强化节目质量和高忠诚度；另一方面要面向市场、找准定位、统筹兼顾，推进专业化、类型化广播在中国的发展。

简而言之，媒体发展的形式使得业界和学界的一些有识之士不断提出新时代广播的发展要求，由此可见，广播从业者具备新媒体素养的重要性。笔者以“新媒体素养”为关键词在CNKI数据库里检索相关文献，发现目前国内关于新媒体素养的研究主要集中在青少年、大学生和未成年人的新媒体素养、新媒体素养教育、中西媒体素养对比等研究上，而对于一线媒介从业人员新媒体素养的研究则少之又少。本文通过对西藏人民广播电台从业人员进行问卷调研，试图填补此类研究的空白。

中国传媒大学曹璐教授认为，进入21世纪的广播，必然经历种种困难和坎坷，也必然会产生各种变化，但其中最重要的是广播人观念的现代化及媒介机制的优化。无论现代传播技术如何发达，最后决定新世纪广播生存与发展命运的还是广播人自己。① 可见，数字化、互联网技术不断发展的新媒体时代下，广播人的新媒体素养对整个行业的发展至关重要。

四、研究方法

我们的本次调研以媒介素养为主题，以西藏人民广播电台的从业人员为调研对象，开展了“西藏人民广播电台媒介从业人员的新媒体素养调研”的课题调研。本课题的主要研究方法为文献资料搜集法、对比研究法、问卷调查法和个案访谈法。

（一）文献资料搜集法

前期通过对相关文献资料的搜集，我们大体掌握了关于媒介素养的概念界定、媒介素养的重要性、国内外媒介素养的理论与可行性研究、媒介素养教育的必要性等情况，为后期问卷的制定及个案访谈等工作做好了铺垫。

（二）比较综合研究法

比较的方法是对同类事物进行比对，分析其相似点与不同点，综合则是在比较的基础上进行的总结。对目前国内外关于

---

① 曹璐，罗哲宇．关于网络广播数字化生存的思考——中国内地在线广播现状及发展走向[J]．中国广播电视学刊，2000（9）．

媒介素养的研究以及国内不同地区、不同群体媒介素养的研究现状运用比较的方法，有助于在研究中拓宽视野，认识到研究对象的本质。在比较的基础上进行综合，总结出各国家、各地区、各个不同的人群媒介素养研究现状特点，此为开展西藏人民广播电台的调研提供了借鉴和模板。

（三）问卷调查法

西藏人民广播电台目前有工作人员 170 多名，为确保问卷发放的有效性，本课题组向工作人员发放了 120 份问卷，并收回有效问卷 108 份，具体调查结果见下文分析。

（四）个案访谈法

个案访谈法作为定性研究中的方法，在人类学、人文学科、传播学等领域运用较多。本课题对西藏人民广播电台副台长张云山进行了深度访谈，对西藏人民广播电台机构本身及其从业人员进行了多维度审视。

五、研究成果

（一）新媒体素养研究维度概述

媒体素养（Media Literacy）是指人们在各类处境中取用、理解及制造媒体信息的能力。媒介素养概念最早由英国学者于 20 世纪 30 年代提出，目的主要是针对当时电影普及带来的流行文化与传统文化的冲突，呼吁年轻人抵御大众化电影导致的文化趣味腐蚀，可以说最初是一种对于媒介被动的、抵制的态度。[①] 学者鲁宾认为：“媒介素养主要有三个层次，即能力模式、知识模式和理解模式。能力模式指公民所具有的获取、分析、评价和传输各种形式信息的能力，侧重对信息的认知过程；知识模式指关于媒介如何对社会产生功能的知识体系，其侧重点是信息如何传输；理解模式则是指理解媒介信息在制造、生产和传递过程中受到的来自文化、经济、政治和技术等力量的强制作用，侧重对信息的判断和理解能力。”[②]

---

① 覃川，王磊静，张嵩印，刘浩宇．当代大学生媒介行为和媒介素养实证研究[J]．当代传播，2007（4）．

② 冯小燕，滕丽莎，胡金艳．中职生媒介素养现状的调查研究——以河南省部分中职院校为例[J]．中国现代教育装备，2012（18）．

1992年，美国媒介素养研究中心给出的媒介素养的概念是：媒介素养指人们面对媒介各种信息时所表现出的信息选择能力、质疑能力、理解能力、评估能力、创造和生产能力以及思辨的反应能力。①

现在，随着对媒介功能等认识的提高以及对媒介素养主题研究的拓展，人们对这一概念又有了新的认识和界定。我们认为媒介素养的内涵应该包括三个方面，即媒介认识、使用情况和批判能力。对这三方面的内涵阐释如下：

媒介认识，包括社会主体如何认识媒介、对不同媒介的认知情况以及认知途径等等。在信息社会里，认识媒介的能力是社会生存的必要条件之一。作为信息社会中的人，能否掌握一定媒介知识，能否正确认识大众媒介和媒介信息，能否对媒介的性质、功能等有客观理性的判断，是极其重要的问题。

使用情况，即是否使用不同媒介、使用的熟练程度等。随着新技术的不断发展，各种新兴媒介层出不穷，媒介的使用能力成为人们必备的生存技能。

批判能力，指社会主体对大众传媒所传达的信息进行甄别、判断和评价的能力。受客观环境和自身水平等方面的限制，大众传媒中也存在着许多负面信息，包括传媒对负面性事件的报道和传播过程中的价值偏差等。对负面信息的免疫能力是衡量一个人媒介素养的重要指标。

根据媒介素养这三个方面的内涵，我们拟从媒介认知、媒介使用和媒介批判三个维度对西藏人民广播电台从业人员的新媒体素养进行调查和分析。具体调查情况在下文进行阐述。

（二）调查对象基本情况概述

西藏人民广播电台共有从业人员约170人，发放问卷120份，回收有效问卷108份，回收率达90.00%。通过对这108份有效问卷进行分析，得出西藏人民广播电台从业人员的基本概况如下：

1. 性别和民族：女多男少，藏汉平衡

在这108名从业人员中共有43名男性，65名女性，男女比例约为2∶3。其中有藏人56名，汉族50名，门巴族1名，纳西族1名，分别占总调查人数51.85%、46.30%、0.93%和0.93%。

---

① 王谊茜，王玉洁．论新媒体时代企业应具备的媒介素养[J]．山西广播电视大学学报，2013（1）.

2. 年龄结构：中青年为主

其中，20 岁以下的从业人员仅有 1 名，21 ~ 30 岁的有 60 名，31 ~ 40 岁的有 32 名，41 岁以上的有 15 名，其比例分布如图 1 所示。 从图中可看出，西藏人民广播电台的从业人员普遍年轻，21 ~ 30 岁之间的超过从业人员总数的一半，而 31 ~ 40 岁的也占到总人数的 29. 63% 。 中青年从业人员是西藏人民广播电台的主要力量。

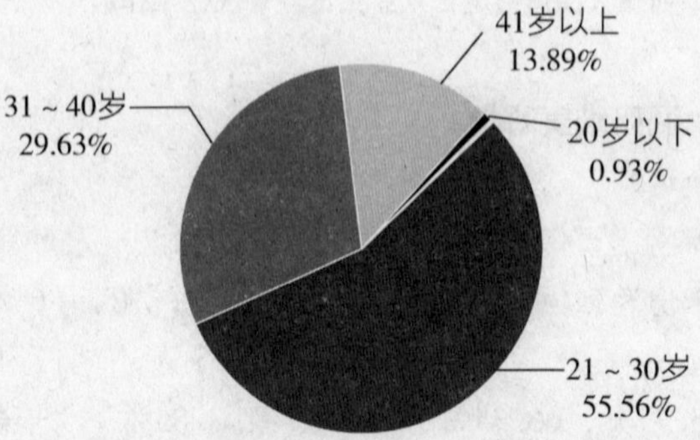

图 1　西藏人民广播电台从业人员年龄结构图

3. 学历和专业：人文社会学科背景的本科生受青睐

在所有参与有效调查的从业人员中，本科毕业的人数比例达 83. 33% ；具有人文社科类专业背景的从业者共 96 名，占总样本量的 88. 89% 。 受访者具体学历结构如图 2 所示。

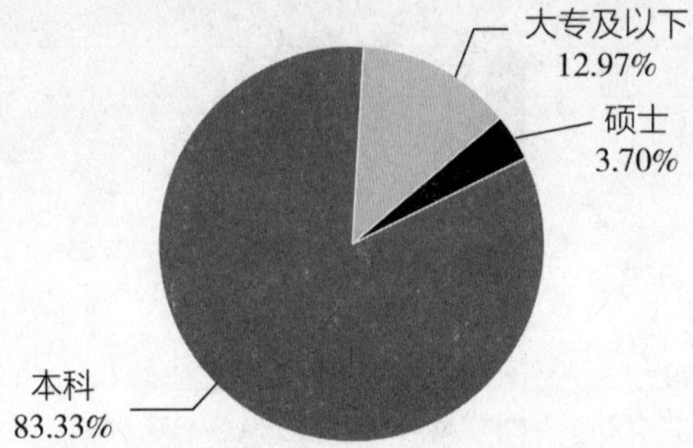

图 2　西藏人民广播电台从业人员学历分布图

4. 工作年限

在所有参与有效调查的从业人员中，有 43 名主持人，55 名编辑，19 名记者，其中有人身兼多职。 这些人中从事目前工作 1 ~ 3 年和 10 年以上的远远超过其他年限从业者，分别为 34 人和 35 人。 具体见图 3。

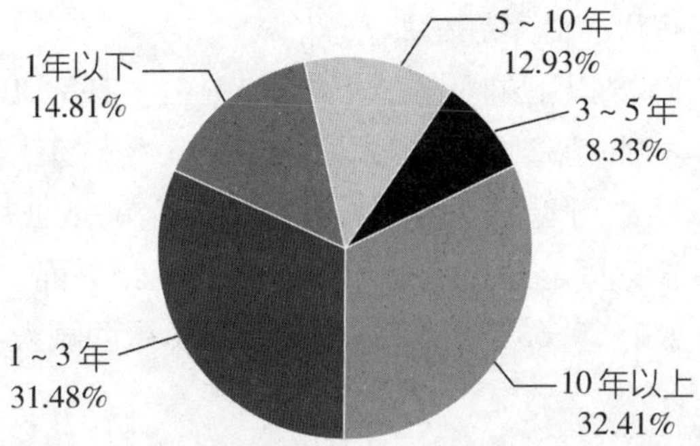

图3 西藏人民广播电台从业人员从事现任工作的年限分布图

（三）调研维度解析

1. 媒介认知

对国家网络宣传和信息服务管理的法律法规及政策的了解情况，在104份有效问卷中，选择"非常了解"的有6人，"基本了解"的有69人，"不是很了解"的有25人，"不了解"的有4人，各占5.77%、66.35%、24.04%和3.85%。结果显示，西藏人民广播电台从业人员对国家的网络宣传和信息服务管理的法律法规及政策比较了解。对于新媒体的了解情况，103份有效问卷中，12人选择"非常了解"，69人选择"基本了解"，21人选择"不是很了解"，1人选择"不了解"，各占11.65%、66.99%、20.39%、0.97%。由此可见，西藏人民广播电台从业人员对新媒体比较了解。以上两项指标见图4。

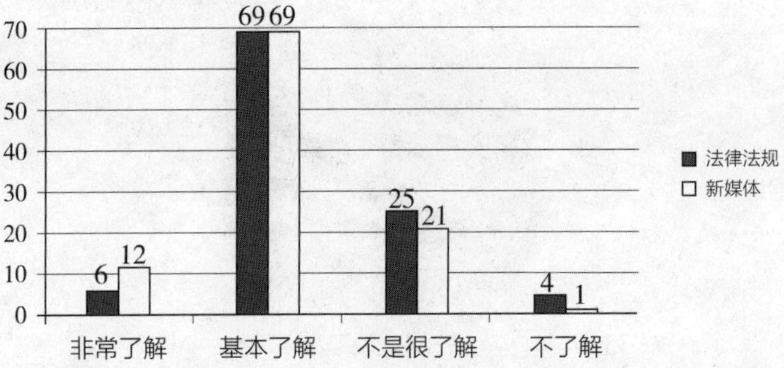

图4 西藏人民广播电台从业人员对法律法规和新媒体的了解情况图（单位：人）

"哪些媒体属于新媒体"一题为多选题。12人认为"广播"属于新媒体，6人认为"报纸"属于新媒体，14人认为"电视"属于新媒体，72人认为"手机"属于新媒体，102人认为"网络"属于新媒体，38人认为"车载移动电视"属于新媒体，

31 人认为“户外 LED 屏幕”属于新媒体，40 人认为“数字广播电视”属于新媒体，具体见图 5。

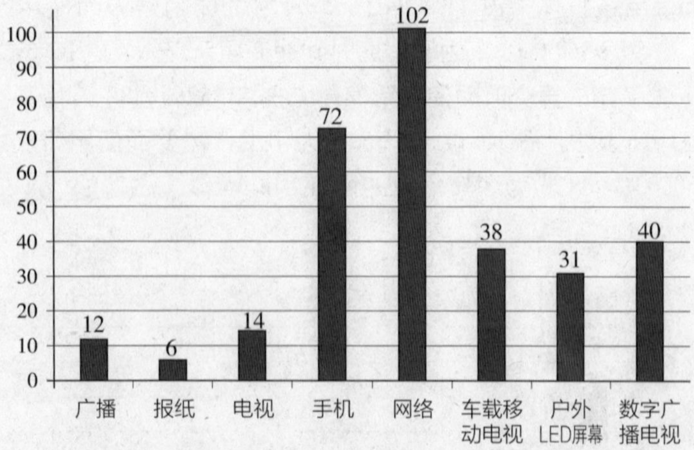

图 5　西藏人民广播电台从业人员对于新媒体定义认知度图（单位：人）

从图中可以看出，西藏人民广播电台从业人员对于新媒体定义的认知度较为符合大众认知，普遍认为手机和网络等属于较常见的新媒体，但是有 32 人将通常意义上的传统媒体（广播、报纸和电视）也看作新媒体，将近占样本总量的三成，这说明西藏人民广播电台的从业人员对于新媒体的定义尚不明确。

2. 媒介使用

调查对象（共 103 份有效问卷）中 10 人每天使用新媒体的时间在 1 小时以下，占 9.71%；20 人每天使用新媒体的时间为 1～3 小时，占 19.42%；27 人每天使用新媒体的时间为 3～5 小时，占 26.21%；46 人每天使用新媒体的时间在 5 小时以上，占 44.66%。调查表明，大多数西藏人民广播电台从业人员每天都有较长的新媒体接触时间（如图 6）。

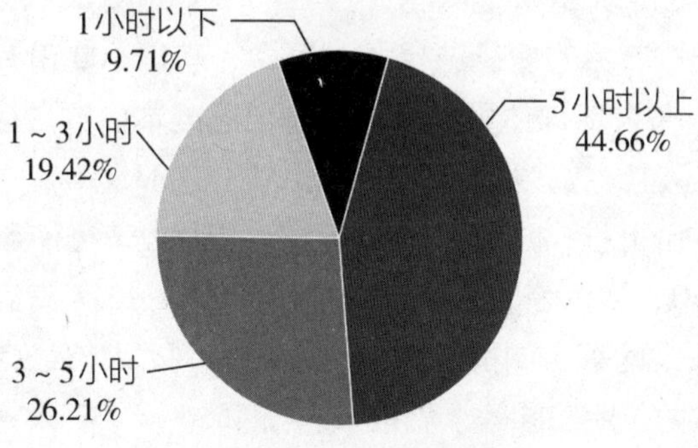

图 6　西藏人民广播电台从业人员新媒体使用时间图

“媒体从业人员使用新媒体的目的”一题为多选题，有效问卷为 108 份，受访者们使用新媒体的目的各有不同，但用于获取信息、休闲娱乐和工作的人占了大多数。其中 77 人为了获取信息而使用新媒体，占 71. 30%；55 人为了休闲娱乐而使用新媒体，占 50. 93%；18 人为了消磨时间而使用新媒体，占 16. 67%；47 人为了与外界交流而使用新媒体，占 43. 52%；39 人为了学习而使用新媒体，占 36. 11%；55 人为了工作需要而使用新媒体，占 50. 93%；1 人为了其他目的而使用新媒体，占 0. 93%（如图 7）。

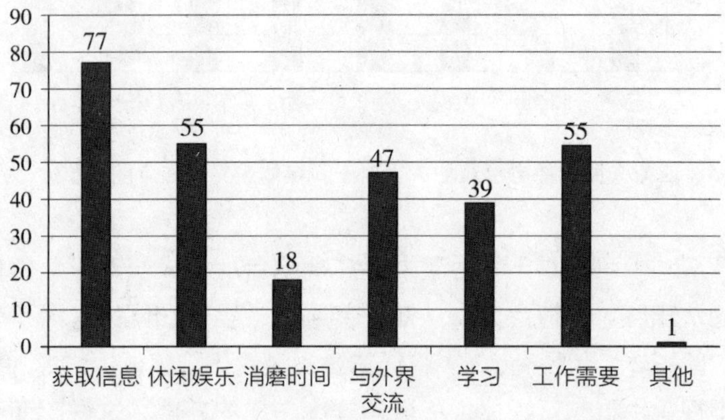

图 7　西藏人民广播电台从业人员新媒体使用目的图（单位：人）

“使用网络媒体”一题亦为多选题，该题有效问卷 108 份，其中，92 人经常使用即时通信工具（如 QQ、微信等），占 85. 19%；19 人经常使用社交网络（如人人网等），占 17. 59%；69 人经常使用网络自媒体（如微博、朋友圈等），占 63. 89%；26 人经常使用网络直播媒体（如网络电视台），占 24. 07%；39 人经常使用网络点播视频（如优酷网等），占 36. 11%；54 人经常使用新闻门户网站（如新浪网等），占 50. 00%；2 人经常使用前面提到过的之外的其他网络，占 1. 85%（如图 8）。

在“推广节目的途径选择”一题中，获得 100 份有效问卷，其中，67 人曾在新媒体平台上推广过自己或本台的广播节目，占 67. 00%，超过半数；剩下 33 人则没有，占 33. 00%。结果表明在新媒体平台上推广广播是一个趋势。71 人曾经使用即时通信工具（如 QQ、微信等）做推广，占 71. 00%；12 人曾经使用社交网络（如人人网等）做推广，占 12. 00%；45 人曾经使用网络自媒体（如微博、朋友圈等）做推广，占 45. 00%；7 人曾经使用网络直播媒体（如网络电视台）做推广，占 7. 00%；6 人曾经使用网络点播视频（如优酷网等）做推广，占6.00%；14 人曾经使用新闻门户网站（如新浪网等）做推广，占14.00%；8 人曾经使用所提及的之外的其他网络做推广，占8.00%（如图8）。

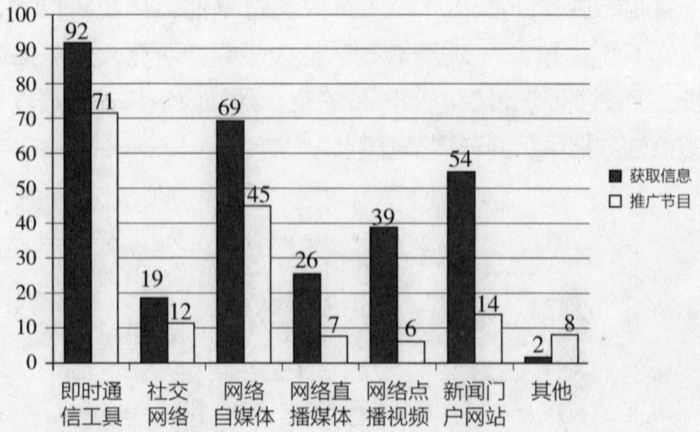

图8　西藏人民广播电台从业人员使用新媒体获取信息、推广节目的途径选择图（单位：人）

“以何种渠道收听广播节目”这一多选题获得108 份有效问卷，其中有63 人通过收音机收听广播，占58.33%；有55 人通过车载广播收听广播，占50.93%；有40 人通过手机或者其他移动设备收听广播，占37.04%；有55 人通过电脑收听广播，占50.93%；有4 人通过其他渠道收听广播节目，占3.70%（如图9）。由此可见，西藏人民广播电台从业人员主要是通过收音机、车载广播和电脑来收听广播的。

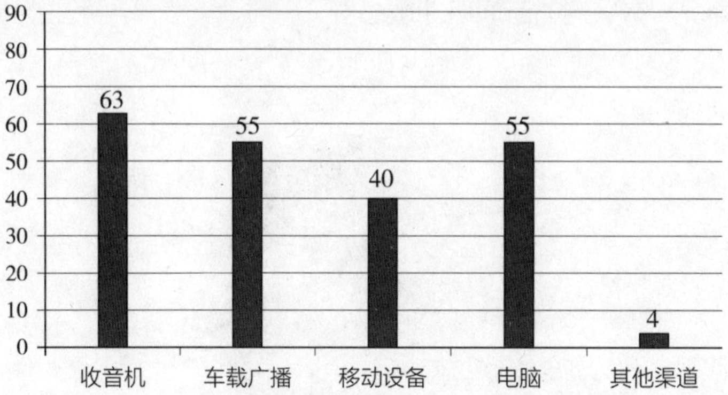

图9　西藏人民广播电台从业人员收听广播的渠道分布图（单位：人）

“选择何种新媒体平台来收听广播”这一多选题的有效问卷

数为108份，其中，78人通过传统广播电台的官方网站来收听广播，占72.22%；27人通过个人网络电台、播客来收听广播，占25.00%；18人通过传统广播媒体移动客户端来收听广播，占16.67%；52人通过整合性广播平台客户端（蜻蜓FM、优听电台等）来收听广播，占48.15%；7人通过其他渠道收听广播，占6.48%（如图10）。调查表明，绝大多数的西藏人民广播电台从业人员主要通过传统广播电台的官方网站收听广播，其次是通过整合性广播平台客户端来收听。

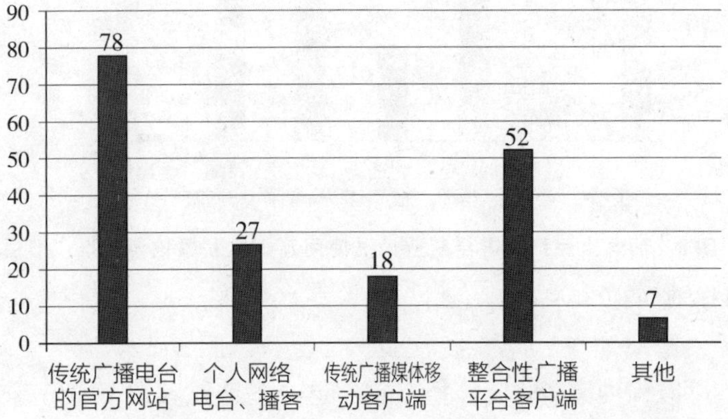

图10　西藏人民广播电台从业人员新媒体收听广播的平台选择分布图（单位：人）

"对新媒体发展信息的关注"一题的有效问卷数是99份，其中有84人曾关注过新媒体方面的发展信息，占84.85%；15人没有关注过，占15.15%。由此可知，绝大多数西藏人民广播电台从业人员会关注新媒体发展的相关信息，捕捉业界新媒体最新发展情况，有一定的新闻职业敏感度。

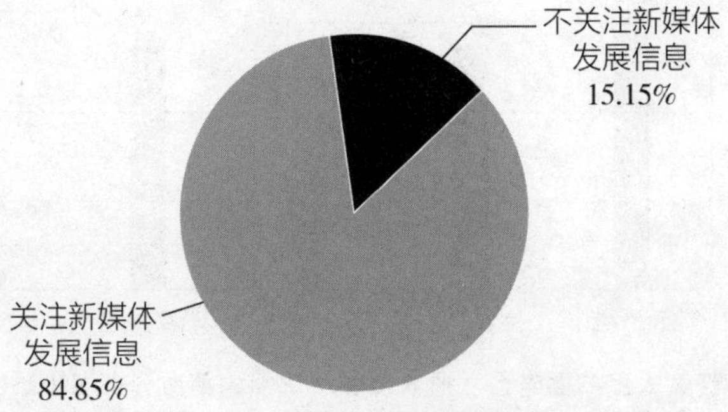

图11　西藏人民广播电台从业人员对新媒体发展信息的关注情况图

“在制作节目的过程中信息的多媒体来源渠道”这一多选题的有效问卷数为 108 份，其中，有 47 人曾经从即时通信工具（如QQ、微信等）获取信息，占 43.52%；7 人曾经从社交网络（如人人网等）获取信息，占 6.48%；37 人曾经从网络自媒体（如微博、朋友圈等）获取信息，占 34.26%；27 人曾经从网络直播媒体（如网络电视台）中获取信息，占 25.00%；19 人曾经从网络点播视频（如优酷网等）中获取信息，占 17.59%；52 人曾经从新闻门户网站（如新浪网等）中获取信息，占 48.15%；8 人曾经从以上提及的之外的其他网络中获取信息，占 7.41%（如图 12）。这表明，西藏人民广播电台从业人员在制作节目时，主要通过新闻门户网站、即时通信工具、网络自媒体、网络直播媒体、网络点播视频等获取信息，新闻门户网站是其最主要的信息新媒体渠道。

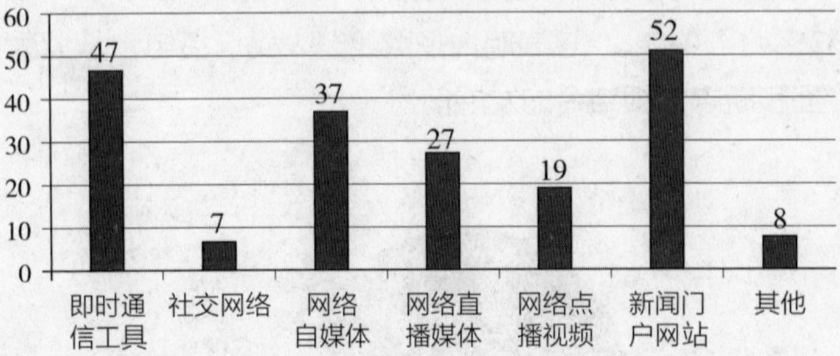

图 12　西藏人民广播电台从业人员制作节目中信息的新媒体来源渠道情况图（单位：人）

3. 媒介信息处理

被调查的 108 人中，63 人会优先选择将所接触的来源不明的信息转发给亲友或同事，并在论坛、QQ 群等平台上广而告之，占 58.33%；55 人会深入思考或考证（讨论或咨询专业人员）后再决定传播与否，占 50.93%；40 人会置之不理，占 37.04%；55 人会采取其他行动，占 50.93%（如图 13）。

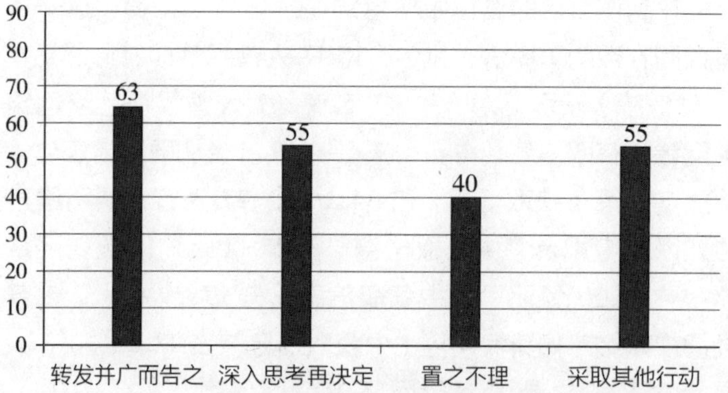

图 13　西藏人民广播电台从业人员在接触新媒体中来源不明信息时的反应分布图（单位：人）

在接受调查的从业人员中，99 人对广播与新媒体的结合持有各自的态度：60 人持乐观态度，3 人持悲观态度，32 人保持中立，4 人表示无所谓，各占表态总人数的 60.61%、3.03%、32.32%和 4.04%。这表明大多数西藏人民广播电台从业人员看好广播和新媒体相结合的发展前景。

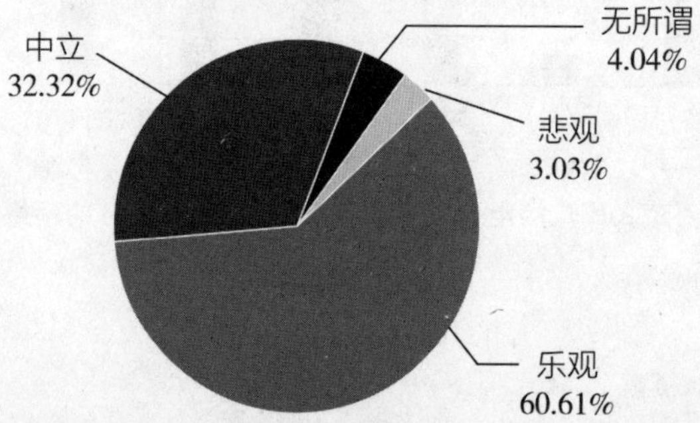

图 14　西藏人民广播电台从业人员对广播与新媒体结合的态度取向分布图

（四）研究结果

此次调研对象中青年比例较大，受教育水平较高，高教育水平意味着其整体素质较高，也更易接受新事物，对新媒体的接触频率较高。

在接受调研的有效员工中，大多数从业人员拥有较长的工作年限，具有一定的工作和媒体实战经验。一方面，这使他们能够对传统媒体形成稳定认识，看清其发展规律；但另一方面，由于工作新鲜感下降，容易导致其追求新技术、新媒介手段的热情稍有下降。

通过调研，我们发现：

首先，在媒介认知方面，从业人员对新媒体的定义尚不明晰，对新媒体内涵的认知不一。

其次，在媒介使用方面，调查显示，媒体从业人员使用新媒体的目的各有不同，但用于获取信息、休闲娱乐和工作的人占了大多数。本次调查中，受调查者的新媒体使用动机中，获取信息、休闲娱乐、人际交往等常规的使用动机数量较高，而与普通民众使用新媒体的动机不同的是：学习和工作需要也成为受调查者使用新媒体的最主要目的之一。这一方面显示出受调查者对新媒体重要性的认识较深以及西藏人民广播电台对新媒体政策的重视；另一方面也反映出他们在新媒体的使用方面已经突破了单纯的感官享受，转而利用新媒体来实现学习、工作和自我提升的目的。

调查分析显示，QQ、微信等即时通信工具以及微博、朋友圈等网络自媒体，成为新一代媒体人获取信息和发布信息的主要途径，即时通信工具和网络自媒体已经深入媒体人生活、工作的内部，成为一种日常的信息传播手段。西藏人民广播电台的从业人员通过各种平台收听广播节目的渠道差别较小，收音机、车载广播和电脑成为主要渠道且选择率基本持平。由于广播电台从业人员职业的特殊性，收音机成为他们最主要的收听渠道，而随着私家车的增多和互联网的发展，车载广播和电脑也成为主要的收听方式之一。在新媒体收听方式的平台选择中，让调查者意外的是，传统广播电台的官方网站和蜻蜓 FM、优听电台等整合性广播平台也成为受调查者最主要的广播收听渠道。

最后，在媒介信息处理方面，接受调研的媒体从业人员在接触新媒体中来源不明的信息时，反应不一，部分人员会将不明信息转发给亲友同事，并在论坛、QQ 群等平台上广而告之，这表明这部分人员对信息的认知尚未达到理性分析判断的程度。此外，在被问及对广播与新媒体结合的态度时，大多数从业人员对广播和新媒体相结合的发展前景持乐观看法。

（作者均系暨南大学新闻与传播学院研究生）

瞄准新媒体　实现新发展

——西藏之声移动客户端的探索与实践

李丹青（Li Danqing）

2013 年 7 月 17 日，中国互联网络信息中心发布的第 32 次《中国互联网络发展状况统计报告》显示，截至 2013 年 6 月底，我国网民数量达到 5.91 亿，其中手机网民数量为 4.64 亿，网民中使用手机上网的人群占比由 74.5% 上升至 78.5%。相比 PC 应用的平缓增长趋势，手机成为各类应用规模增长的重要突破点，其中手机网络音乐、手机网络视频等用户规模相比 2012 年均保持了相对较高的增长率。① 3G、无线网络的普及和发展以及手机应用的推陈出新促使我国手机网民数量快速增加。

在第十五届中国国际高新技术成果交易会上，艾媒咨询（iiMedia Research）作为唯一的年度中国移动互联网报告发布权威机构，预测在智能化的大潮下，2014 年第一季度，中国手机网民的规模将整体超过 PC 网民规模，手机第一上网终端的地位将更为稳固。② 庞大的网民数量，尤其是手机网民数量，开始引起传统媒体对移动媒体的关注以及相关业务的开发。

伴随着移动互联网时代用户的飞速增长和市场规模的不断扩大，传统媒体面临着前所未有的挑战和机遇。在技术发展日新月异的今天，互联网的普及、数字化应用技术的发展促进了传统媒体与新媒体传播渠道的融合。传统媒体通过探索与新媒体的融合，实现自身的技术产业变革，同时借助新媒体的传播平台，实现影响力的不断扩大。广播作为典型的传统媒体，虽然具有覆盖面广、传递及时、收听方便、互动性强等优势，但相对于互

① 中国互联网络信息中心. 第 32 次中国互联网络发展状况统计报告[EB/OL]. http://www.cnnic.net.cn/hlwfzyj/hlwxzbg/hlwtjbg/201307/t20130717_40664.htm.

② 艾媒咨询. 2013 年中国移动互联网发展报告[EB/OL]. http://telecom.chinabyte.com/216/12779716.shtml.

联网、手机来说，其劣势明显。因此，如何在新媒体蓬勃发展的夹缝中借势生长，是每一个广播人思考的重要议题。

广播不仅仅是新闻舆论宣传的工具，也是文化传承发展的阵地，在西藏政治、经济、文化等方面的发展中具有极其重要的地位。如何发展西藏广播，进一步提高西藏广播的核心竞争力，对一个经济欠发达的少数民族地区来说，有许多问题值得研究和思考。① 近年来，西藏人民广播电台就如何在媒介融合的浪潮中提高核心竞争力作了很多努力。2013 年 10 月 28 日，中国西藏之声网（www. vtibet. com）全新改版，并推出手机客户端，这对于经济欠发达的少数民族地区的广播事业而言，是一次全新的尝试，也将是带动其广播电台发展的新契机。本文旨在通过对西藏人民广播电台的调研，介绍其新近上线的手机客户端，及其依托的中国西藏之声网站的发展情况。

一、西藏之声全媒体平台概况

（一）西藏之声的改版背景

中国西藏之声网成立于 2002 年，限于人力物力而采用了托管建设的方式运营，曾借助中国国际广播电台国际在线网站平台搭建了中国西藏之声网站。2009 年在自治区领导的重视和支持下，西藏之声重新改版，独立运营。随着手机和平板电脑在西藏地区的普及，越来越多的藏民也开始将互联网作为获取信息最重要的媒介，特别是年轻的藏民，他们非常乐意通过互联网与外部世界交流，希望有属于藏族人自己的移动互联网平台，能够和世界分享具有西藏人文特色的音乐、图片及视频。

改版前的中国西藏之声网是传统的 web1. 0 网站，信息传播形式单一，网友参与度不高，台网优势资源整合不足，面临着无流量、无互动、无影响力的尴尬局面。在此背景下，电台组建了新媒体中心，试图改变传统办门户网站的思路来整合两台（电视台、广播电台）的全媒体特色资源，打造西藏之声全媒体平台。平台力求实现特色资源的统一管理和多渠道发布，加强社区互动以增强本土网民的归属感，吸引关心西藏的网友，打造涉藏宣传舆论的第一阵地。

---

① 张先群，王清江. 对进一步提高西藏广播核心竞争力的思考[J]. 中国广播电视学刊，2012（11）.

（二）西藏之声全媒体平台的总体定位和目标

（1）打造西藏之声全媒体内容管理平台，整合两台优势资源。此次西藏之声全媒体平台的建设试图通过对电视台和广播电台两台的优势资源进行整合，连接两台业务应用平台，建设西藏之声全媒体内容管理平台，进而实现记者、网站编辑、网友全民参与，信息多渠道发布。

（2）打造具有西藏特色的移动互联网应用，领跑新媒体时代。在西藏之声网APP上线之前，有关西藏的移动互联网应用市场几乎处于空白状态。西藏人民广播电台在西藏之声全媒体数字资源之上，打造真正服务藏民，突出藏族特色的音乐、视频、音频、图片等的移动互联网应用，填补了市场空白。通过手机客户端，能让本土网民找到归属感，同时也能吸引关注西藏的网友，扩大中国西藏之声网的影响力。

（3）建设SNS模式的西藏第一社区。西藏之声全媒体平台在具备良好的内容安全审核机制的前提下，采用了当下备受互联网推崇的社区模式，用瀑布流、组图等视觉冲击效果强的内容打造西藏本地第一社区，突出了西藏丰富的音视频图片资源，实现了真正为本土网民服务，参与西藏之声社区的建设。在调研采访过程中，我们了解到中国西藏之声网站上专门的社区论坛——甜茶馆。这个软件刚引进时，是很多网站都有的普通的镜面论坛系统，电台通过对其改造，使其实现了微博的呈现形式。此论坛将用户体验放在首要位置，彻底推翻了传统论坛的模式，使网民的参与更便捷。

（4）借助大数据分析技术，提供最佳访问体验。作为此次西藏之声全媒体平台搭建的开发商，北京拓尔思公司（TRS）利用对日志海量访问的推荐算法，引入大数据分析技术，对用户的情绪、社交网络等属性进行分析，为访问会员提供好友、音乐、视频等个性化推荐，带来最流行的互联网访问体验。

（5）打造安全的互联网平台。电台针对内容安全、系统安全等方面制订了合理可实施的应急方案，以保证平台的安全性。内容安全包括制定工作业务流程需要的制度，结合系统平台提供的工作流程管理、用户权限细颗粒度管理、系统日志、政治常识校对等技术手段来保障内容的安全性。系统平台安全方面，要求应用软件平台要按照国家对门户网站安全性测评的要求进行设计，具备对信息泄露、跨站攻击等安全性漏洞的技术防护措施。在整个平台的应急方案设计方面，硬软件设计采用均衡负载技术，保障无单点故障，可以进行快速回退和恢复。

（三）全媒体平台建设的内容

西藏之声全媒体平台战略旨在建设一个西藏之声全媒体内容管理平台的大资源库，进而在平台中管理两台的所有数字资源，这些资源主要包括门户稿件、音视频、图片等。通过多渠道发布引擎，将数据资源同时发布到门户网站、移动互联网平台、官方微博和社区，实现资源的统一管理和发布，一次编辑统一管理多渠道发布，实现门户网站、移动门户、社区的互联互通。其中全媒体平台建设的内容主要包括以下几个方面：

1. 音视频媒体平台

为了建设高效、稳定的音视频媒体平台，改版后的西藏之声采用了业界最成熟的视频转码技术，覆盖音视频节目采集、剪辑制作、音视频内容管理、流媒体多终端适应发布等内容，呈现形式包括音视频点播、直播、录播等方式。对于直播采用集成 Adobe 的 FMLE 转码方式，可以边采集边转码，将直播延迟控制在 5 秒以内。对录播计划，支持虚拟剪辑和物理剪辑方式，系统可以自动进行调度，边采集、边编码、边落盘，录完后即可播放。同时，由于在线访谈直播稳定性要求高，所以同一个信号源采用 2 路直播，以确保无障碍直播。

2. 西藏之声互动社区

西藏之声全媒体平台的定位是，在西藏本地建设藏区第一互动社区。该平台采用互联网最流行的元素，改变传统的论坛式列表，以突出藏区特色的音视频及图片资源为主。社区定位内容分享，建立兼有审核机制的内容跟帖和评论，互动性强。在社区平台中，将按照内容属性和地区属性分版块进行讨论，可以设置版块管理员。

3. 移动互联网平台

根据定位和项目建设重点的不同，全媒体平台将推出西藏之声官方版、视频版、音乐版、图片版和移动办公的移动客户端。官方版本的移动客户端分为手机版和平板电脑版。手机版采用国内通用流行的综合资讯类门户展示方式；平板电脑版提供杂志翻阅式的阅读，能够自动实现图片和内容的转码和呈现，减少后台维护工作。考虑到藏族特色的移动客户端应用目前在国内市场中仍是空白，视频、音乐和图片等板块旨在给藏区网民和喜欢西藏的朋友提供有藏区特色的娱乐移动客户端。移动办公客户端主要是为平台记者、编辑和审核人员服务，平台管理员通过移动办公客户端可以完成手机采稿、手机审核等工作。所有客户端均有汉字和藏文两种版本。

二、西藏之声全媒体平台的总体设计原则

为保证全媒体平台的顺利上线、推广与运营，中国西藏之声网总体设计遵循以下原则：

1. 安全性

西藏是民族问题敏感的地区，中国西藏之声网作为在西藏本地办网的自治区重点新闻门户，保障其平台的安全性是设计中应首先考虑的。在整体设计中，网站侧重关注内容安全、系统安全、网络安全和应用安全。实施交付中，同样严格按照设计划定信息安全域和信任域，配合管理机制落实安全保障工作。此外，平台还提供应急方案和容错方案，在特殊情况下可以实现可恢复机制、备份机制，保障数据的一致性及完整性。

2. 高可用性

高可用性主要指保证西藏之声全媒体平台每周全天候（7 × 24 小时）无故障运营，硬软件均要求采用不低于 2 个节点的集群工作方式，以及多服务器互备的设计原则。当意外事件发生时，能够保证至少有 1 个节点可正常提供服务，即具备较好的容错性。同时，在硬件网络和应用软件的设计上，充分考虑高原气压下硬盘和电源易发生故障的风险，全部以双机或集群方式进行互备，以此来保证全媒体平台运营的高可用性。

3. 便捷性

考虑到部分内容编辑人员对计算机操作不熟练，全媒体平台采用便捷的设计（主要体现在采用成熟且应用广泛的产品技术上，全界面可见即所得），保证内容编辑人员在没有技术人员辅助的情况下，也能独立完成内容的编辑和发布工作，充分发挥内容编辑人员的自主性。

4. 开放性

总体设计的开放性主要体现在对本次项目中所管理和加工的音视频、图片等方面的设计中，其全部采用国际通用的最主流的数据格式和开放标准，能够保证平台与其他应用系统、数据库等相互交换数据，以实现应用级的相互操作和互联。并且本设计对业主方开放数据库字典，这样可以保证二期项目的自主选型。

5. 先进性

互联网技术发展日新月异，全媒体平台建设采用当前互联网

特别是移动互联网中成熟先进的技术和设计理念，吸收在国内外颇受推崇的互联网理念，如 Pinterest 的瀑布式展示，加入西藏本土化的视觉设计元素，融入社会化资源分享的交互理念，从而以全新的视觉角度向世界展示一个开放的西藏，不论是技术层面，还是设计层面，均保证在国内的广播电视门户网站中保持领先位置。

三、西藏之声的移动互联网应用

1. 应用技术方案

（1）利用 HTML5 方式构建移动门户，适应快速改版和升级带来的变化。西藏之声手机客户端采用了 Native App + Web App 的方式，从而具备了 Native App 和 Web App 两者的优点，如避免了 iPhone 应用发布时间过长的弊端。项目中可以根据具体需求，灵活调整 HTML 模板；同时，Native App 的采用，可以支持离线采编及消息推送等功能。

（2）支持 iOS 和 Android 平台。客户端支持 Android、iPhone 及 iPad 平台，保证了手机终端体验的一致性。此移动应用支持根据栏目的特点，设置成不同的展现方式；系统内置了多种展现方式，后期也可支持不同的扩展方式。iPad 版本由于具有屏幕大的优势，客户端针对这个特点对交互进行了重新设计，使其可以根据图片和文本的内容，自动计算排版方式，并采用杂志翻阅式的展现方式呈现给终端用户，进而提供给用户优质的用户体验。其中，Android 版本支持 2. 2 及以上版本，而 iOS 平台支持 4 及以上版本。

（3）支持图片、视频的格式化处理和转换。移动终端由于网络条件和屏幕等特性，要求移动门户能够对图片进行缩放处理和对视频进行流媒体转换，以使终端用户获得愉悦的体验。

（4）支持藏语、汉语显示。客户端内部集成喜马拉雅字体，支持藏语与汉语语种的切换显示，满足藏族人民和热爱西藏的网友的用户需求。

2. 与全媒体内容系统的无缝集成

（1）支持移动站点的统一管理。传统 PC 站点的管理需要后台有一个强大的内容管理系统做支撑，移动客户端后台也不例外。TRS 公司开发的西藏之声移动客户端后台可以和全媒体内容管理系统无缝集成，实现内容的一次录入、多渠道发布，避免数据的重复加工，同时也能保证多渠道数据的实时、共享与准确。

（2）支持移动站点的单独维护。由于 PC 和移动终端媒质的差别，移动终端应用必然有别于传统 PC 网站，具有自己的特性，所以在保证传统媒体与移动新媒体多渠道发布的同时，移动客户端也支持对移动站点的独立管理。西藏之声移动客户端支持定义移动站点的栏目结构；支持设置每个栏目在终端上的展现类型，通过在服务器端调整，使客户端呈现不同的表现；也支持对内容数据的再加工和组织。

（3）支持内容审核后再发布。西藏之声移动客户端支持审核流程管理，可自定义工作流程，设置审核权限，流程定义要求可视化，支持按照定义的流程审核通过之后再发布。

（4）支持检索功能。通过 TRS Server 的外网数据检索，移动客户端支持检索功能，结合 TRS 公司目前的全文数据库系统，西藏之声移动客户端实现了数据的快速、准确检索。

3. 西藏之声的娱乐版移动应用

（1）视频版：通过利用 TRS 音视频管理发布对多终端的适应，可以在手机或者平板电脑上建设中国西藏之声在线视频版移动应用。西藏之声移动客户端具有直播、点播、分享、搜索等功能，是一个具有丰富涉藏视频资源的平台，其扩大了西藏广播电视的辐射力及影响范围。通过全媒体平台的视频管理及移动门户管理模块，将资源统一存放在全媒体资源库中，移动终端发布视频可根据用户需求对全媒体资源库中的内容进行调用。

（2）音乐版：用户通过定位中国西藏之声网音乐频道，可实现手机客户端的本地音乐播放和在线音乐的成功下载或试听。升级改版前，藏族的音乐在移动互联网市场中尚属空白。年轻的本土受众和外地网友中，有很多是喜欢藏族特色音乐的，但没有移动互联网应用为他们提供相关音乐服务。升级改版后的音乐频道弥补了这个空缺，在满足受众需求的同时，扩大了品牌的知名度和影响力。

中国西藏之声音乐版手机客户端实现了集成专业解码器和先进 EQ 音效的应用；支持无损音频格式 APE 和 FLAC；操作界面简单易用，播放格式、歌曲排序一键完成；歌词同步显示；本地歌曲播放；提供歌曲下载服务；对歌曲收藏采用 PC 端和手机端同步的方式，任意端使用收藏功能，另一端的客户端也可以同步显示。

四、西藏之声移动办公和人性化的用户体验

西藏之声移动客户端，不仅仅在内容生产、管理等方面实现了采编人员的后台全媒体系统的移动办公，而且能给受众提供文本格式化、图片自动缩放、即时消息推送等方便、快捷的信息接收服务，这些都是其人性化的重要表现。

（一）移动办公

西藏之声移动客户端在使用 PC 电脑掌握全媒体内容管理系统的同时，支持移动办公，使一线采编人员能够在第一时间内将收集到的信息和资讯提交给后台全媒体系统进行加工。

（1）支持文字、图片、视频、音频稿件的本地管理及在线提交。西藏之声移动客户端具有文字、图片、视频及音频稿件的管理功能。终端用户可以通过手机拍照、拍摄视频和音频，在采集相应稿件时选择手机上已经拍摄好的多媒体资源。

同时，该移动客户端支持离线采编，即在没有网络的情况下，客户端也支持采编人员对稿件进行本地管理，如进入稿件列表，录入新的稿件，查看、修改或删除已有的稿件。在有网络的情况下，支持将这些采编好的稿件提交给全媒体内容管理系统，进行后续加工处理。除此之外，该移动客户端还支持同步全媒体内容管理系统的栏目结构，在采集稿件时，可以将稿件提交到指定栏目。

（2）用户授权登录验证。移动客户端应用支持用户身份的认证，在用户身份获取确认之后，才能向全媒体内容管理系统提交数据。

（二）人性化的用户体验

APP 的用户体验是指用户在使用移动客户端时的直接感受，它是用户在产品使用过程中建立起来的纯主观感受。用户体验的好坏与否，对于产品的市场营销、品牌推广甚至成败都至关重要。西藏之声移动客户端不仅仅与全媒体内容的管理系统做到无缝集成，其界面及使用在用户体验方面亦是美观大气、注重细节、追求人性化的。

（1）文本的格式化及图片自动缩放。由于手机有网络流量及屏幕大小的限制，西藏之声移动客户端上所展现的图片都进行了缩放等处理，对于图文混排的内容，没有意义的 HTML 节点和

样式也都进行了过滤和格式化等处理，以适应手机网络及屏幕展现的要求。

（2）即时消息推送。对于有价值和推荐意义的信息，西藏之声移动客户端系统支持以消息提醒的方式进行推送。移动终端用户在不需要登录客户端应用的情况下，便可以了解到一些有价值的信息。注重细节也是其人性化用户体验的重要体现。

（3）与微博的集成。该移动客户端支持与目前主流的微博（如新浪、腾讯等）进行集成，终端用户在使用浏览器时可以将自己关注的内容方便、迅速地转发到自己的微博。同时客户端也支持展现自己的官方微博信息，方便终端用户第一时间了解官方微博动态。

（三）便捷的安装程序

iOS 下客户端应用的安装。iOS 手机采稿、审稿客户端应用通过苹果审核发布之后，可以直接通过 App Store 下载并安装；在审核通过之前，如果想要安装试用的话，可以通过下面的方式进行安装。以下分别针对设备越狱与非越狱进行介绍：如果是越狱设备，可以从厂商处获取客户端安装程序，或者使用 91 同步助手等软件进行安装；针对手机采稿、审稿，iOS 客户端如果是非越狱设备，则需要先给厂商开发人员提供手机或者平板设备的相关信息，然后再由开发人员提供针对此设备的客户端安装程序。更换手机或者平板设备时需要告知管理员重新定制安装程序。

五、西藏之声移动客户端的意义

作为最重要的通信工具之一，手机与人们如影随形，手机与广播的结合能够最大限度地通过手机的便携性来展现广播的交互性、伴随性等优势。用户在携带手机的同时，可以通过手机接收广播信息、参与广播节目，这是传统广播媒体无法匹及的。西藏之声移动客户端亦如此，其成功上线对西藏人民广播电台及西藏的发展影响深远。

（一）有利于提升西藏广播的辐射力，扩大信息传播的覆盖面

手机在西藏的普及率很高，使用手机上网的用户量不断增长。在一些基层的地方，农牧民基本都有手机。农牧民在田间劳作时，相比传统的报纸、电视和广播，手机广播可以更好地满

足他们对于信息、娱乐的需求；同时，汉、藏双语版本，可以更好地满足基层的广大群众，这在一定程度上提升了西藏广播的辐射力，并扩大了其覆盖面。

（二）有利于以西藏特色更好地发展西藏广播

目前市场上，广播的手机客户端很多，如蜻蜓、优听等。和它们相比，西藏之声移动客户端则主打西藏特色，集资讯、广播、电视、音乐、视频和图库六个应用为一体，用户在收听广播的同时可以看新闻、图片和视频。对于掌握西藏各方面的资源，此客户端在报道西藏新闻、宣传西藏形象方面有着得天独厚的条件，一方面可以满足本地藏民以及对西藏感兴趣的用户的需求，另一方面可以利用西藏特色更好地发展西藏广播。

（三）有利于提高西藏媒体的核心竞争力

西藏之声移动客户端上线之前，西藏地区的传统媒体在移动互联网方面的应用还处于空白状态。因此，西藏之声移动客户端即成为全球首发的涉藏综合性藏、汉文手机客户端，同时也是国内首家以音、视频为特色的涉藏门户网给客户端。在方便用户通过新媒体使用、接受涉藏信息的同时，该移动客户端可以提升西藏人民广播电台，甚至是西藏媒体的影响力和核心竞争力。

（作者系暨南大学新闻与传播学院研究生）

专访张云华：新媒体很“霸道”

■吴　侠（Wu Xia）

“新媒体很‘霸道’啊！”2013 年 11 月，西藏人民广播电台副台长张云华坐在办公室里，半开玩笑地对我们说。因为“西藏人民广播电台从业人员的新媒体素养调研”，我们对张云华台长进行了一个短暂的访谈，访谈内容主要是关于西藏广播媒体的新媒体策略，而促成这次采访的首因是在电视上看到的一则关于中国西藏之声网改版升级的报道。

2013 年 10 月 28 日，西藏乃至全国各地的媒体平台开始报道中国西藏之声网（www. vtibet. com）全新改版并推出手机客户端的消息，这吸引了我们的注意。传统意义上，人们心中的西藏是神圣、纯洁的代名词，是宗教朝圣人士和旅游爱好者争相奔走之地，但同时它也或多或少地被贴上了落后、偏远的标签，人们理所当然地认为地处边境的西藏人才资源和物质资源严重匮乏，科技发展落后，应该还是众多新科技手段的初识者。但对西藏人民广播电台参观访问和深入了解后，我们否定了这些偏见。

一、西藏在发展：西藏人民需要自己的新媒体信息发布平台

“这个网站实际上是西藏广电网，其最大的特色是音视频，这也是其最大的亮点，主要由西藏人民广播电台主办，内容方面可以将西藏电视台的节目在上面进行发布，同时利用网站进一步扩大西藏电视台的覆盖面。其本质是中国西藏广电网，内容上是要建立成听新闻、看新闻、浏览新闻的目标模式。”

1953 年 10 月 1 日，西藏第一座有线广播站——拉萨有线广播站正式播音。1959 年元旦，西藏人民广播电台的开播标志着西藏人民开始有了自己的广播事业。之后随着西藏本地广播事业的发展以及国家的大力支持，又建立了中央人民广播电台藏语

频道以及各地区广播电台，截至“十一五”末期，西藏的广播人口综合覆盖率已达 90.28%，西藏自治区的市、县、区一级基本实现了广播主频率调频全覆盖。

由于特殊的地理和行政特点，西藏媒体事业的发展并不容易，人才资源的缺乏、硬件设备的不足、科学文化水平的落后都导致其在发展过程中存在着诸多力不从心之处。同时，对于偏远的农牧区来说，报纸和电视的媒介渠道也远不如广播便捷。西藏广播人经过不懈的努力，与时俱进，逐渐建立起广播的强势媒体地位，与内地大多数地区电视和平面媒体强而广播弱的形势形成鲜明的对比。

中国西藏之声网是西藏自治区的重点新闻门户网站，建立于 2002 年，限于人力物力而在最初采用了托管建设的运营方式，经 2009 年的重新改版建设，开始独立运营。而近年来，随着手机和平板电脑在藏区的普及，互联网渗透到西藏人民生活的方方面面，越来越多的藏民开始将互联网作为获取信息最重要的平台，特别是对于年轻的藏民来说，互联网更是成为其与外部世界交流最主要的渠道之一。

与此同时，由于西藏和藏族文化的独特性，西藏人民希望拥有自己的移动互联网平台，与世界分享西藏的音乐、图片、视频和文化。先前的中国西藏之声网由于信息传播形式和互动方式单一、资源整合不足等问题，使得改变与升级势在必行。2013 年 5 月，西藏人民广播电台正式启动改版项目，经过不懈的努力，现已完成中国西藏之声网的全新改版和手机客户端的研发。此次升级后，中国西藏之声网极大地提升了整体水平并丰富了网站功能。

据张云华介绍，此次升级包括硬件和软件的升级，其中对硬件部分网站的投资很大，超过了 900 万，建有镜像站，以期服务更多的网民，加快浏览速度等。升级后的中国西藏之声网站成了一个强大的全媒体内容管理平台，集资讯、广播电视、视频和音乐等资源于一体，通过多渠道发布引擎将数据资源同时发布到门户网站、移动客户端、官方微博和社区中，实现资源的统一管理和发布。同时，网站硬件平台、安全设备得到了升级扩充，消除了硬件设备单点故障的风险，实现了双链路，即服务器、存储、网络设备、防护设备实现主备配置，并实现了自主热切换，大幅提升了网站的综合性能和防护能力。此外，该网站还发布了集资讯、广播电视等内容为一体的涉藏综合性藏、汉文移动客户端。该客户端覆盖苹果、安卓系统的手机和平板电脑，使用户可以随时随地了解最权威、最多彩的西藏信息。

二、全媒体策略：我们一直很重视新媒体

“西藏广播人，在一有新媒体这个概念的时候就已经意识到了，其实我们做媒体的，不管是在内地还是在高原上，都察觉到新媒体绝对会飞快地发展。新媒体的扩张速度十分快，十分受人们欢迎，有广阔的市场，有无限的发展空间。我们在新媒体产生之初就已经意识到传统媒体要尽快利用，尽快介入、熟悉和掌握它，并且将其变为自己的手段。”

张云华台长在访谈中反复强调了西藏广播人对新媒体的重视，目前西藏人民广播电台已经拥有自己较为成熟的全媒体发展策略。

2005 年 12 月 20 日，西藏人民广播电台借助中国国际广播电台国际在线网站搭建了中国西藏之声网站，2009 年 6 月 3 日搭建完成拥有独立服务器的藏、汉、英三种语言的中国西藏之声网站，并正式开通在线广播。网站在线广播功能实现了藏语（包括拉萨话、康巴话）、英语和汉语全天累计播出时长 80 小时 25 分钟。所有广播节目通过互联网同步播出，有效弥补了卫星、中短波和调频覆盖的缺陷，通过互联网实现了广播节目的“全球覆盖”和“全时空传播”，使新西藏的声音传向了世界各个角落，从而满足了世界各地听众了解西藏的愿望。

2010 年 3 月 27 日，西藏人民广播电台又成功地与中国电信拉萨分公司联合推出集藏、汉双语图文、音频为一体的新闻彩信业务。同时与中国移动通信集团西藏分公司联合推出了藏语广播新闻手机定制业务。

发展至 2013 年，中国西藏之声网站又进行了新一轮的改版升级，并在彩信业务的基础上推出了 APP 客户端。“作为少数的拥有专门的新媒体中心的广播电台，西藏人民广播电台的管理手段由粗放向严谨科学转变，发展方式由以传统媒体为主向传统媒体与新兴媒体融合发展转变，内容生产由以数量扩张为主向以质量为主转变，传播对象由以区内为主向兼顾国内外转变。”①西藏人民广播电台开展的民族语新媒体业务和全媒体发展的视野，都走在了全国少数民族地区的前列。

---

① 西藏人民广播电台“十一五”工作综述：穿越时空的声音力量［N］. 西藏日报，2011 - 06 - 08.

在更好地实现台网融合的进程中，西藏人民广播电台力求实现台网内部更好、更自然、更深、更广的融合，让网站内容更加丰富。

“目前我们的自办类节目每日累计已经超过 40 个小时，但是这些节目只能听却看不到文字，下一步我们将试图通过对节目内容进行改编或改写，打造更适合网民的信息接收方式，使节目内容得到更好的呈现。”

“由于西藏地区特殊的政策和地理环境，导致交通不便、资源有限，‘融合’说起来只是两个字，很简单，但实际上包含的内容很多，很复杂。目前我们网站只有 30 多个人，人手太少，而其中一部分人要负责日常的一般内容维护，还有一部分人要到外面进行采编，真的很不容易。实际上，在西藏这样一个资源如此有限的地方，做成任何事情都是不容易的。”

当笔者问及西藏人民广播电台从业人员的新媒体素养方面的要求和成绩时，张云华说西藏人民广播电台正走在培养综合性从业人员的道路上，而这其中的主力军是年轻的记者群体。在招聘时，西藏人民广播电台也会将新媒体素养作为考核标准之一，并强调从业人员的自觉性和观念问题，“办广播和办网站的观念不同，我们是将传统媒体与新媒体的观念融合，记者编辑如何写网上新闻，如何写网评文章，如何根据焦点进行即时发布，这方面的观念、手法还需要融合”。

三、媒体职责：以传播民族文化为己任

“西藏地域辽阔，有 300 多万人口，主要以藏民族为主，这块土地的文化悠久灿烂，文化资源非常丰厚，例如布达拉宫，即使有几辈人去研究，把她研究透也十分不易。”

“我们长期坚持办藏语广播，既弘扬了我们藏民族的文化和传统，对藏语言的继承和发扬、传承藏民族的文化也起到了很大的作用。”

西藏人民广播电台是西藏地区广播事业发展的主力，其发展至今共有 4 个频率，用藏、汉、英 3 种语言播音；主要受众是占西藏人口 90% 以上的藏族群众；覆盖我国四川、陕西、甘肃、青海、重庆、云南等周边兄弟省、市、区以及英国、美国、意大利、西班牙、瑞典、尼泊尔、德国、日本、希腊、乌拉圭、芬兰等 50 多个国家和地区，是西藏进行对外传播的重要窗口。

不管是从最初的藏语彩信业务，还是到后来的网站、客户端

上的藏语频道以及常规性的藏语节目设置，西藏人民广播电台在前进的每一步，都没有忘记服务的是占西藏人口主体的藏族人民，没有忘记自己坐落在美丽的拉萨，这里每一个细节都有着浓浓的藏族文化特色。

西藏人民广播电台以“藏、汉语并重，藏语强台”为办台方针，强调节目的西藏特色和民族内涵，立足西藏，面向全国，走向世界。坚持以民族特色立足，以民族特色发展，以民族特色取胜的办台理念，打造醇香“青稞酒”、浓浓“酥油茶”式的广播节目。西藏人民广播电台的办台方针与办台理念，使其整体的节目基调都饱含西藏特色，也使这些节目本身也成为一道独特的风景。

而“西藏”作为一个宗教圣地和神秘纯洁之地的代名词，在各种热炒下，近年来更是成为宗教朝圣人士和旅游爱好者争相奔走之地。西藏人民广播电台于2002年5月开播的《圣地西藏》节目的专题栏目，主要介绍藏区旅游景点、风土人情、民风民俗等；综艺专题《周末音乐聚集》，用来自民间的原生态音乐展示西藏源远流长的文化；开播的新栏目——15分钟的新闻专题《目击西藏》，全部采用现场采访，围绕西藏的人权、民族文化、生态环境保护等话题，用西藏各族各界干部群众的亲身经历，讲述真实的西藏。这一节目在德、日、美、英、法、印等43个国家和地区播出后产生了良好的反响，成了宣传西藏形象、弘扬西藏文化的有效途径。

四、高原上的广播：雪域上的嘹亮音符

“我们办广播以及中国西藏之声网很艰难，但也给我们带来了许多好处，它们是宣传西藏的窗口和平台。通过我们的广播以及网站，吸引更多的人了解西藏，这是我们的最终目的。宣传无小事，西藏的宣传更无小事。”

由于特殊的历史和政治原因，西藏一直是我国媒介宣传的敏感地带，在西藏从事媒体宣传事业，要优先考虑安全问题，这一方面大大减少了可供媒体进行报道挖掘的资源，另一方面也使得许多选题无法做深、做精，有碍新闻作品的完善。但是西藏人民广播电台在这方面已经有了自己的心得：“在宣传内容上，它并不是没有边界的。在把握导向这方面，我们一再强调，不管是办传统媒体还是新媒体，只是工具、手段的不同，但是根本的导向不能变。不管是广播的导向，还是网站的导向，我们都没有受到

指责、批评。”

张云华透露，在西藏办媒体，人力、物力、财力的匮乏是大问题。

人力方面的问题包括人员数量的匮乏和质量的不高。西藏人民广播电台自1959年元月1日成立起，便以藏语、汉语在同一频率以1小时为单位交替播出的形式呈现，经过50年的发展，演变为今天汉语、藏语各2小时的播出格局。虽然藏语广播和汉语广播的比例相当，但藏语依然是主体。西藏人民广播电台由于地处边疆少数民族地区，因此在从业人员中以藏民族为主体。在早期，藏、汉人员的比例约为8∶2。后来随着汉族从业人员的不断加入，如今这个比例有所调整，基本保持在6∶4。这种人员结构导致在电台内部存在一定程度的对接不畅问题，例如有些藏语节目主持人的普通话水平不如内地，而许多汉语节目主持人则在藏语节目需要支援时束手无策。

此外，西藏由于地处偏远地区，经济发展水平相对落后，广播电台和广播从业人员的收入相较于内地处于较低水平。而在西藏办主流媒体，投入巨大，政府财政拨款却十分有限，这就导致内部人员的积极性没有得到充分调动，电台许多好的项目也因资金问题无法落实。例如中国西藏之声网的官方微博，因为缺乏先进的后台管理和充足的人员保证，目前还未完全发挥其作用。

访谈结束之后，在西藏人民广播电台郑主任的带领下，我们参观并了解了西藏人民广播电台的设备情况，以及各频率的职责、工作内容和运作方式等。西藏人民广播电台已经建成拥有全套先进录播设备和技术的现代化广播电台，新媒体意识几乎已经渗透到每一个西藏广播人的细胞中，新媒体技术也已经成为西藏广播电台的常规传播手段。这让我们坚定地相信，西藏广播事业的明天一定会像西藏冬日里的暖阳一样耀眼明媚，光辉无限！

（作者系暨南大学新闻与传播学院研究生）

新生代 新生态

陈律言 王新林 陈 芳 刘思雯 伍中梅 徐 燕　藏族大学生新媒体使用情况对其民族认同的影响

——以西藏大学藏族大学生为例

潘冰冰　西藏大学英语教学现状及对策思考

藏族大学生新媒体使用情况对其民族认同的影响

——以西藏大学藏族大学生为例

陈律言（Chen Lüyan） 王新林（Wang Xinlin）
陈　芳（Chen Fang） 刘思雯（Liu Siwen）
伍中梅（Wu Zhongmei） 徐　燕（Xu Yan）

一、调查的基本情况

（一）调查缘由

西藏是藏族人民的聚居区，藏族是西藏自治区人口最多的民族。西藏自治区内除藏族外，还有汉族、回族、门巴族、珞巴族、纳西族、蒙古族、怒族、傈僳族、土族、独龙族、满族、白族、布依族、维吾尔族、苗族、彝族、壮族、夏尔巴人、僜人等民族。根据《2013 年西藏统计年鉴》提供的数据，2012 年全区常住人口总数达 307.62 万人（常住人口为 2012 年 11 月 1 日人口普查数据）。

本调研报告的调研地点是西藏自治区首府拉萨市，其位于西藏自治区东南部，长期以来是西藏政治、经济、文化和宗教的中心。本次调研的主要对象是拉萨市西藏大学的藏族大学生，通过了解这个群体新媒体的使用情况来进一步解读新媒体使用对其民族认同的影响。

《2013 年西藏统计年鉴》中的数据显示："城镇居民家庭每百户年底耐用消费品拥有量"中的"家用电脑"一项，由 2000 年的每百户中有 1 人拥有家用电脑，到 2012 年的每百户中有 63 人拥有家用电脑；同时"移动电话"一项也由原来的每百户中有 30 人拥有到 2012 年的每百户中有 187 人拥有，可见新媒体在西藏地区普及率的骤增。

随着新媒体的普及，作为大学生，他们在新媒体接触过程中，行为和心理也会随着新的信息获取路径、新的人际互动方式、新的媒介生态环境而发生变化，从而对其民族认同产生影响。本调研组就是从这一新的变化入手，来解析其发生变化的影响因素、发生变化的表征以及这一系列变化最终衍生的结果。

在西藏地区，藏族文化属于本土文化，再加上国家的民族识别和对少数民族实行的民族政策，为民族成员身份的固化提供了政策条件，而民族身份的固化也进一步使得民族身份清晰化，使得他们对自身民族和文化的认同更加明确。随着新媒体的介入，族群文化的多元化趋势更加明显，族际交往的场景发生了新的变化，新媒体建构了一个新的“信息场景”，在这新的场景中，族群成员的身份意识将出现哪些新特点？哪些因素在建构民族认同中发挥重要作用？这种民族身份的建构对于藏族大学生处理族群关系会产生何种影响？新媒体在文化复归、文化涵化、文化传承等方面又发挥了何种作用？这都是本调研组在此次调研中希望有机会进行深入研究的问题。

（二）研究思路、理论预设及研究意义

首先，新媒体的发展带来了一个不同于现实社会场景的“信息场景”，在这样一个剥离了时空的特殊场景中，边界被重新定义，重构的边界意识对族群认同的演变产生了怎样的影响？调研组横向分析了族群认同的具体内容、特点，以及在现实社会场景和信息场景中族群之间话语权力是如何博弈，最终影响到族群认同的。

其次，新媒体为各种文化提供了一个展演场，各种文化之间既有冲突又有融合，民族文化作为新媒体平台上文化结构中的亚文化，在这种文化氛围中民族文化的流变性增强，而这种变化最终对民族认同产生了何种影响？是在“他文化”的对抗中强化了民族文化的认同，还是在“他文化”的融合中使得本民族文化变得游移而模糊？

再者，新媒体提供了一种全新的人际交往路径。社交网络使得人与人的交往可以跳跃于时空之外完成即时互动，这种传播互动方式下，传播主体的身份特征究竟是完成了技术性隐遁还是更全面地被展曝于网络上？身份特征的变化对身份意识的自我表达又有哪些影响？身份意识表达的新特征是否推动了民族身份的多重建构？

此外，美国学者郝瑞在对中国西南地区彝族的认同问题研究中指出，在任何社会中，对某个族群身份的界定，往往涉及

三类人，他们分别是：①族群本身（自我）；②在地方社会系统中的其他群体（他者）；③国家。① 回答新媒体对民族认同影响的问题，也同样不可绕过这三个因素，而其中对“他者”的认知极为重要。由于民族认同是在对他者的差异化认知中完成的，那么新媒体互动中民族身份的他者界定是更加明晰，还是逐渐变得趋同？这些新趋势对于既有的民族认同是一种消解还是一种强化？

最后，“集体记忆”是丹尼尔·巴特所提出的“社会心理基础设施”中的重要设施之一，它是集体连续性的重要载体，是集体认同的一种证据性表达。互联网对于集体记忆，究竟是一种反叛性的解构，还是一种权力规训后的顺势再造？新媒体技术究竟是使得集体记忆裂变为更加细碎而无序的片段，还是使得集体记忆更好地发挥信息储存与情感传承的功能？集体记忆衍生出的这一系列新样态对民族认同又有何种影响？

对族群成员身份认同产生影响的因素有很多，而该项研究着眼于新媒体对于民族认同的一些影响因素，从而对其作进一步阐述。最后，希望本调研对于民族关系研究和构建少数民族地区和谐社会具有一定的现实意义。

二、藏族大学生新媒体使用情况

西藏大学是西藏规模最大的综合性大学，也是西藏地区的最高学府，其生源主要来自西藏本地，藏族学生较多，有利于我们进行抽样调查。本次问卷调查采用配额抽样方法，在西藏大学向藏族大学生（主要是来自文学院、政法学院、旅游与外语学院及部分理工学院）一共发放问卷250份，回收问卷250份，有效问卷245份。问卷内容主要围绕新媒体接触情况、使用习惯、使用目的、使用效果、传播影响及民族认同等方面，通过对基本数据的整理分析，了解新媒体在藏族大学生民族认同方面产生的影响。在245份有效问卷中，男性118人，女性127人，分别占有效调查总人数的48.16%和51.84%（见表1）。在年级分布上，大一147人，大二27人，大三43人，大四28人，分别占总调查人数的60.00%、11.02%、17.55%和11.43%。

---

① 萨仁娜．社会互动中的民族认同建构：关于青海省河南蒙古族认同问题的调查报告[M]．北京：中央民族大学出版社，2011.

表 1　调查问卷性别基本情况表

性别	人数	百分比（%）
男	118	48. 16
女	127	51. 84
合计	245	100. 00

（一）调查对象基本信息

1. 多数调查对象均会藏、汉两种语言

在调查对象中，238 名调查对象选择了会藏语，220 名选择了会汉语，47 名填写了自己会英语，其中 213 名调查对象认为自己既会藏语也会汉语。藏语是西藏大学藏族学生最常用的语言，在藏族同学的生活交流中使用普遍。然而，我们也看到有约 2. 86% 的调查对象不会藏语，在访谈中，一些调查对象解释是因为父母工作的缘故从小不在西藏地区长大；还有一些调查对象是在拉萨市区长大，民族文化、语言和饮食习惯等方面受到现代城市文化或其他民族文化的影响较大而致不会藏语。调查中，89. 80% 的调查对象选择了会汉语，通过汉语与调查对象进行沟通交流基本没有障碍，这与中小学长期推行的汉语教育密切相关。

2. 藏语为主要日常用语

在调查“使用最多的语言”时，169 名调查对象选择了藏语，76 名调查对象选择了汉语，分别占调查总人数的 68. 98% 和 31. 02%，这与他们身边超过八成都是藏族朋友这一因素有关。在 76 名选择汉语的调查对象中，除去不会藏语的 7 人，其他 69 名藏、汉语言皆会的藏族大学生认为，汉语是其平时使用最多的语言，约占既会藏语又会汉语调查对象的三分之一。因此，藏语仍然是西藏大学藏族大学生最常用的语言，但汉语也在藏族大学生的校园生活中发挥着较为重要的沟通交流作用。

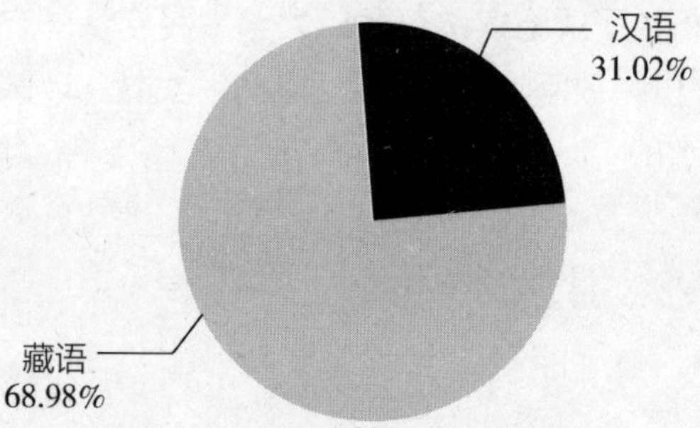

图 1　“使用最多的语言”分布图

3. 汉字为主要网络用语

与藏语使用频繁不同，当调查对象被问到上网经常使用何种文字时，84.90%的人选择了汉字，只有15.10%的人选择了藏文（见图2）。这与后面被问及是使用藏文版还是汉文版新媒体工具时得出的答案一致。在新媒体浪潮中，由于西藏地区发展较沿海缓慢，加上使用人数和信息量较少，藏文传播在新媒体传播中处于劣势。

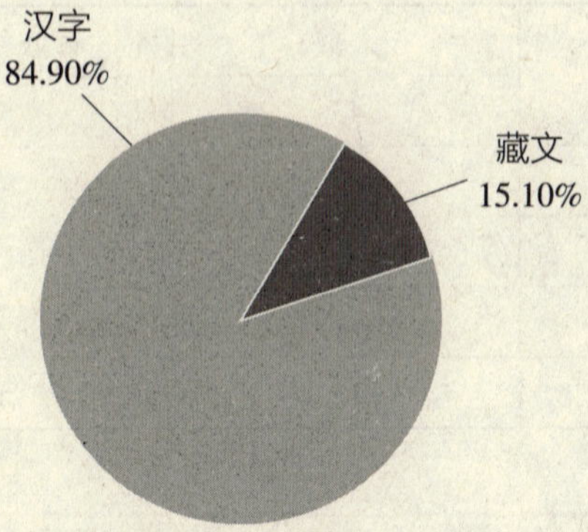

图2 “上网时经常使用的文字”分布图

4. 八成藏族学生朋友圈为本民族人

在调查周围朋友圈的基本情况时，超过八成（82.86%）的调查对象承认经常交往的朋友大都为藏族人，仅有15.51%的调查对象认为周边朋友大部分是汉族人，剩下1.63%的调查对象选择了其他少数民族朋友，这说明他们线下的生活朋友圈子以民族划分，多半聚集在本民族圈内。但在后期与被调查对象的访谈中得知，即使学校努力在宿舍分配中保证藏汉的混合比例，但是，由于交往惯性和语言差异，学生的交友圈和接触圈子依旧主要是本民族同学，若其不积极主动向与其他同学交往，则会很少接触到本民族以外的朋友。

（二）新媒体使用情况分析

1. 新媒体工具的普及

随着拉萨市社会经济的发展，在调查中我们发现，电脑、手机等新媒体工具在拉萨的使用率已比较高，86.94%的调查对象表示既用过手机也用过电脑，而97.96%的人拥有手机，46.53%的人拥有电脑。西藏大学大一到大四的藏族大学生中拥有电脑的人数各占比为29.93%、62.96%、67.44%和85.71%，由统计数据可见，电脑在高年级藏族大学生中的普及率较高。同时，超过半数（53.06%）的人表示自己在初中时便开始接触新媒体，仅有4.49%的调查对象选择了“大学才第一次接触新媒体”（见表2）。在新媒体的用途方面，进行网络聊天（83.67%）成为首选，此后依次为检索信息（53.06%）、欣赏视频音乐（52.65%）、浏览门户网站（47.35%）、浏览社交网站（30.61%）和游戏（28.57%）（参见图3）。

表2　新媒体接触时段统计表

年级	人数	有效百分比（%）
初中之前	43	17.55
初中	130	53.06
高中	61	24.90
大学	11	4.49
合计	245	100.00

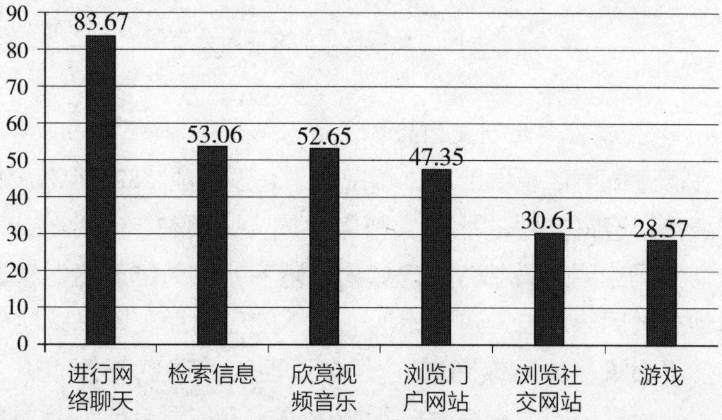

图3　新媒体的用途分布图（单位：%）

在新媒体使用时长上，54.69%的调查对象平均每天使用2～3小时，超过4小时的人数占调查总人数的27.34%，仅有18.00%的调查对象平均每天使用时长少于1小时（见表3）。这说明新媒体工具在西藏大学藏族大学生当中已具有相当高的普及率，并且部分大学生已经有多年上网经历且形成了较为固定的网络使用习惯。

表 3　新媒体每天使用时长情况表

时长/小时	人数	有效百分比（%）
<1	44	17.96
2～3	134	54.69
4～5	51	20.82
>5	16	6.53
合计	245	100.00

2. 新媒体使用习惯的现实统一性

本次调查对象中的藏族大学生在使用新媒体时表现出一种与现实生活较强的统一性，即在日常生活中的民族行为会映射到网络环境中，使得现实环境和网络环境呈现同一状态。与线下朋友圈类似，75.92%的人选择新媒体交友圈仍为本民族朋友，21.63%的人选择汉族朋友，这说明绝大多数藏族学生的新媒体圈子仍和线下一样，为本民族学生。由图 4、图 5 不难看出，线下和本民族学生保持紧密联系的朋友圈也延伸到新媒体社交网络圈中，但藏族朋友比重稍微减少，而汉族朋友比重略有增加，这说明新媒体工具在朋友拓展方面仍有一定进步空间。在调查对象中仅有 2.45%的人选择其他少数民族朋友，这可能跟西藏大学内其他少数民族学生数量较少有关。

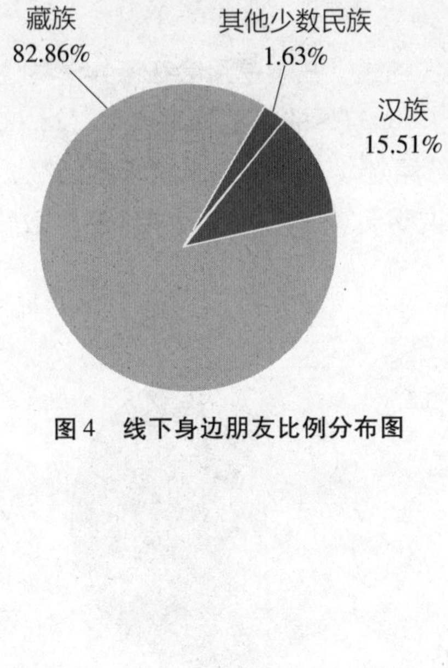

图 4　线下身边朋友比例分布图

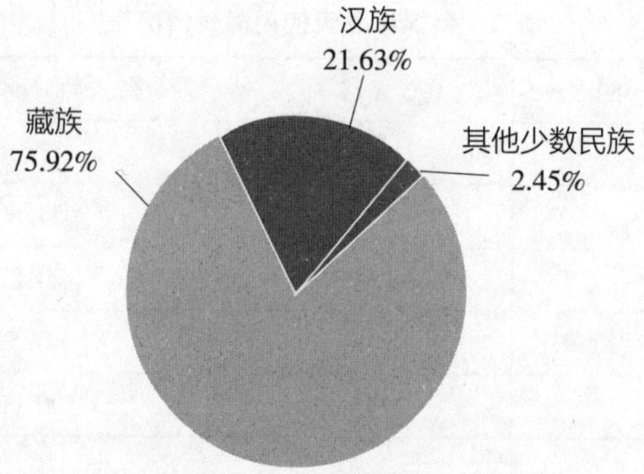

图 5　线上新媒体朋友圈比例分布图

与日常生活学习中使用率极高的藏语相较，在新媒体使用环境中，使用汉文版的调查对象占绝大多数，为 63. 27%；但有近 24. 08% 的人藏、汉两种版本都会使用；12. 65% 的人单独选择藏文版，表示藏文版在藏族学生中仍有一定传播范围，使用人数超过调查总人数的三分之一。

表 4　新媒体工具使用语言倾向比例表

新媒体	人数	有效百分比（%）
汉文版	155	63. 27
藏文版	31	12. 65
都有使用	59	24. 08
合计	245	100. 00

其中值得关注的是，在“是否会在新媒体中主动标识自己的民族？”一题中，58. 37% 的人选择“会”，38. 00% 的人明确表示“不会”，8 份问卷（3. 27%）该题答案为空，其中不乏特意回避的因素，这说明现实生活中对民族身份的敏感意识会延伸至网络环境。

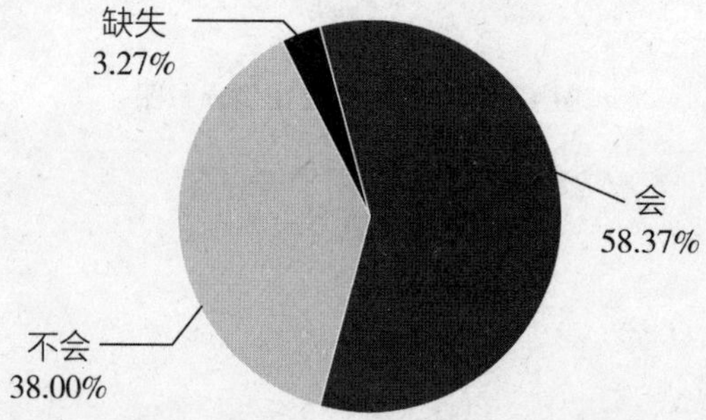

图 6　“是否会在新媒体中主动标识自己的民族”分布图

3. 新媒体传播影响显著

与线下生活习惯进行比较发现，新媒体传播对藏族大学生的朋友拓展、文化交流等方面影响显著。首先，53.88%的调查对象表示各民族朋友都有增加，而单独增加藏族朋友和汉族朋友的比重分别为29.00%和9.80%，这说明新媒体工具除了能强化本民族的交流外，还能拓展与其他民族的交流。其次，62.04%的调查对象认为，新媒体对增进藏、汉等其他文化的了解有一定帮助，只有为数不多的11.83%的人认为只增加了对本民族文化的了解，这可能是因为他们在日常生活学习中已深入学习了解了本民族文化，因而在新媒体接触中会更倾向于了解其他民族文化。但是否会将与新媒体的接触转化为线下行动、参加其他民族活动的意愿的调查结果是，67.76%的调查对象表示“影响较小”，7.35%的人表示“毫无影响”，仅有24.90%的人表示“影响较大”，这说明根深蒂固的民族观念对藏族大学生有重要影响。（见表5）

表5　新媒体传播影响选项表

影响范围	百分比（%）		
增加朋友数量	本民族（29.00）	汉族（9.80）	各民族（53.88）
增进文化了解	本民族（11.83）	其他民族（20.82）	都增加（62.04）
是否会保护	会（82.86）	不会（4.08）	不清楚（12.24）
是否增加意愿	毫无影响（7.35）	影响较小（67.76）	影响较大（24.90）

4. 新媒体传播认知与互动

在对当下新媒体的传播认知方面，有两份问卷该题无效，超过半数的调查对象（51.43%）认为“当下新媒体对本民族文化的传播充分”，明确表示“传播不充分”的比例占总数的19.59%，有28.16%的人表示“不清楚”。这说明在对新媒体认知方面，虽然有着一定比例的调查对象已充分认识到新媒体在传播本民族文化等方面的优势，但也有将近一半的调查对象对新媒体涌起的浪潮不甚了解，甚至颇有微词（见图7）。同样，在调查信息真实度时，将近七成调查对象认为新媒体传播的信息可信，其中认为“完成可信”的占0.41%，认为“比较可信”的占30.61%，认为“基本可信”的占43.67%，3.67%的调查对象表示“不可信”，而21.22%的调查对象表示“说不准”，有1份问卷该题为空（见表6）。

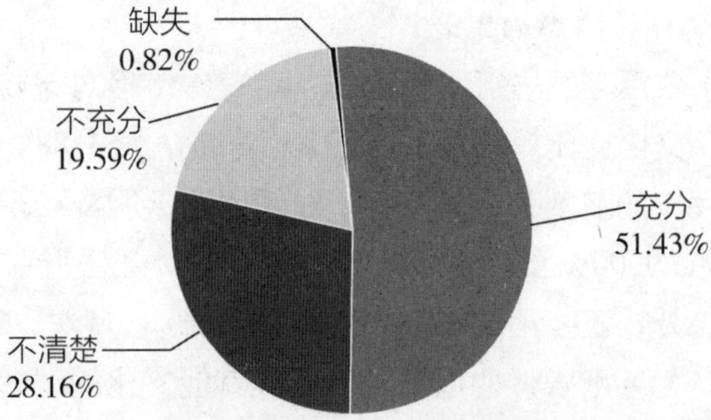

图 7　新媒体中本民族文化的传播程度比例图

表 6　新媒体信息传播真实度表

	人数	有效百分比（%）
完全可信	1	0.41
比较可信	75	30.61
基本可信	107	43.67
不可信	9	3.67
说不准	52	21.22
缺失	1	0.41
总计	245	100.00

那么，新媒体传播认知充分与否及对信息真实信任度的高低是否会影响调查对象在网络中的传播行为呢？ 依照这个问题，本研究将“认为传播是否充分”和“认为传播的信息是否真实”设为研究因子变量，将“是否会在新媒体中进行传播”设为行为变量，进行相关系数分析研究。

表 7　传播是否充分 * 是否会传播交叉表（$N=245$）

传播是否充分	是否会传播（%）			合计（%）
	会	不会	不清楚	
是	88.10	6.30	5.60	100.00
否	77.10	18.80	4.10	100.00
不清楚	60.90	13.00	26.10	100.00
卡方检验值：$x^2=31.794$　$df=4$　$P=0.000$				

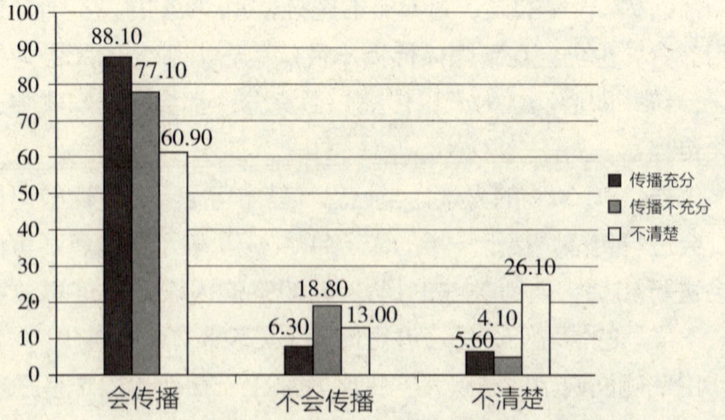

图 8　信息传播越充分越会在新媒体中传播图（单位：%）

表 8　信息是否真实＊是否会传播交叉表（$N=245$）

信息是否真实	是否会传播（%）			合计（%）
	会	不会	不清楚	
比较可信	81.30	14.70	4.00	100.00
基本可信	81.30	8.40	10.30	100.00
不可信	33.00	44.00	22.00	100.00
说不准	75.00	3.80	21.20	100.00
卡方检验值：$x^2=33.220$　$df=10$　$P=0.000$				

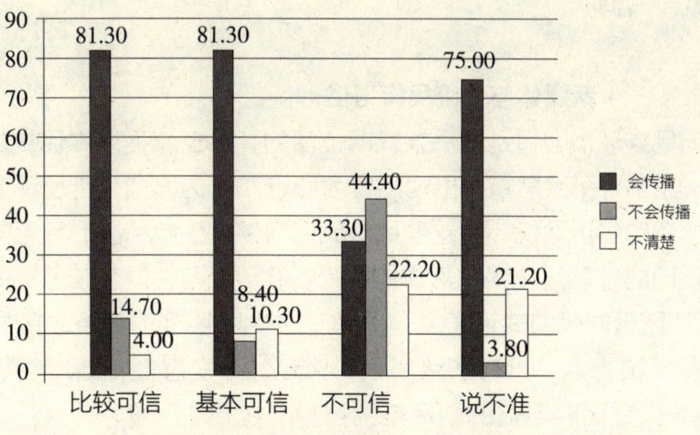

图 9　信息越真实则越会在新媒体中进行传播图（单位：%）

通过对三个选项进行交叉制表分析，说明“认为新媒体传播是否充分”、“认为新媒体传播是否真实”与“是否会在新媒体中进行传播”相关性显著。由表 7 可知，88.10% 的人明确表示，如果新媒体中对本民族传播充分的话，会在新媒体中进行传播；然而77.10%的人认为传播不充分，60.90%的人不清楚传播是否充分，也仍会在新媒体传播本民族的一些独特的风俗习惯和文化传统，即他们认为无论传播是否充分，都会在新媒体中进行文化传播。

同样，81.30%的人认为当信息“基本可信”、“比较可信”时，会进行传播；接近一半的人（44.40%）表示当信息不可信时不会进行传播；值得关注的是，75.00%的人表示在信息真实度“说不准”的情况下，仍会进行传播（见表8）。

由此侧面说明，藏族大学生比较热衷于在新传媒中传播本民族文化。但可明显发现，藏族大学生在网上浏览信息时，同样有受到网络随意性和随机性的影响。这一点，与汉族大学生在网上随意转发、传播信息的特点相似。

三、影响藏族大学生民族认同的因素分析

民族认同的构建是一个复杂的动态过程，受到社会环境、经济条件、国家政策、学校教育等因素的影响。曾有研究指出，影响藏族大学生民族认同的因素主要有客观身份、民族自豪感、地域、习俗、文化、历史和政治政策等。也有研究指出，汉族朋友的数量、父母民族身份、学习汉语的时间等都与民族认同呈正相关关系。归纳总结，影响藏族大学生民族认同的因素主要有以下几个方面：

（一）新媒体与传统民族习俗

民族风俗习惯是各民族长期传承的，广泛流行于本民族的，在一定条件下经常重复出现的行为心理和行为方式，它反映了民族社会的生活面貌。① 这些民族风俗习惯是少数民族的社会文化在长期的发展过程中所形成的风尚、礼节、习惯以及禁忌等的总和。随着时代的变迁和文化的演变，少数民族的风俗也随之不断发展和稳定，具有了民族性、稳定性、敏感性和地域性等特点。少数民族习俗的函括范围很广，包括衣、食、住、行、生育、婚嫁、丧葬、娱乐、宗教、岁时、艺术等多方面。少数民族多样化、多方面的风俗习惯成就了其在社会文化方面的独特性，也正因为如此，一个民族的风俗习惯也在一定程度上影响着这个

---

① 任青. 少数民族大学生的民族认同研究[D]. 中南民族大学硕士学位论文，2012.

民族认同的形成和发展，影响着民族凝聚力的强弱。

从本次调查的结果来看，藏族大学生对自身的民族有一种传统的情结，对本民族的文化持保护与传承的坚定态度，这说明藏族大学生具有较高的民族价值认同。大学是一个包容着不同民族、不同习俗的文化聚集地，这使藏族大学生原有的具有浓厚民族氛围的生活被汉族文化乃至其他少数民族文化包围。习俗的传承都是通过饮食、服饰和传统的生活习惯进行的，藏族习俗与其他民族的习俗在碰撞的过程中，更加显示出了其独特性，同时也激发出了本民族成员自身对文化的认同。调查显示，68.98%的藏族大学生会经常使用藏语，78.00%的藏族大学生乐于在新媒体中宣传、弘扬和保护本民族的文化。正是在这种不同民族习俗的碰撞和融合的过程中，藏族大学生的民族认同才得以进一步深化。

（二）新媒体与民族身份

身份认同是个体对其生物学意义上的种族身份的一种心理肯定，通常，封闭的民族认同会促使个体在亲近本民族成员时，有意或无意地疏远或排斥其他民族的成员；民族身份是生来就有的，个体从出生时起，家庭和社会就按其血缘关系为其贴上了民族标签，尽管这种标签只是一种民族身份的标识，但它是客观存在的，不会因为个体不喜欢就自行解除，而会伴随个体的一生，而且很多时候，它象征着权利和地位，这是由于不同民族间强弱差异的竞争造成的。① 调查显示，藏族大学生在新媒体的使用及与其他民族的使用者交往的过程中，大部分都是持着平等、开放的态度，82.90%的人愿意主动标注出自己的民族，为本民族感到自豪，乐于在他人面前表现自己的民族，同时又能不卑不亢地面对其他民族。此外，藏族大学生具有较强的民族荣誉感，关注民族利益。总体来说，藏族大学生对本民族的认同处于积极、良好的状态。但其中也有少数同学的身份认知存在问题，有4.08%的藏族大学生不愿意标注出自己的民族；有12.22%表示不一定会标注。这里原因有很多，其中很大部分是因为藏族大学生对本民族的身份认同并不敏感。在中国这样一个容纳着众多民族及文化的统一国家中，由于经济的流动性，不同的民族混杂居住在一起，不同民族之间的隔阂正逐渐被打破。大学生天生具有

---

① 万明钢，王亚鹏，李继利. 藏族大学生民族与文化认同调查研究［J］. 西北师大学报（社会科学版），2002（5）.

强大的接受能力和学习能力，经过与汉族及其他民族的长时间交往，逐渐与其他民族成员形成了认同，不仅开始接纳其他民族成员所带来的文化，同时，他们也成功影响到其他民族成员的身份认同。民族与民族之间的心理界限被打破，这使得这些大学生在日常交往的过程中自动忽略了民族的标签，从而形成了一致的“大学生”身份标签。这种民族标签的忽略导致了部分藏族大学生对身份认同的不敏感，也就是说，他们在与其他民族成员的交往过程中，常常忽略了自己的民族身份。

（三）新媒体与文化涵化

可以这样说，无论是藏族人民聚居的西藏还是融合了多民族成员的西藏大学，都是一个多元“主体要素”、“资源要素”和“约束要素”共生的社会。这种共生是通过逐步的演化来实现的，这个过程一定程度上也是文化适应和文化涵化的过程，是一个多种文化相互作用、实现共生的过程。

在藏族文化中，占重要地位的是宗教文化，宗教认同是形成藏族人民民族认同的一个主要组成部分。藏族是一个全民信教的民族，对宗教有一种特殊的情感，当这种特殊的宗教情感和民族情感融合在一起时，就在一定程度上强化了藏族成员的民族认同。通过本次调查和访谈，我们发现，藏族大学生对待宗教显得较为理性，这与其所接受的现代化教育和所生活的多民族文化环境不无关系。可以想象，由于长期生活在全民信教的藏族文化当中，这些藏族大学生必然会受到其父母或是他人的深刻影响，但随着经济的发展和信息的流通，不同民族的文化源源不断地融入他们原本单一的日常生活，融入他们的文化之中，改变着藏族大学生的思维方式和接受方式。

除宗教信仰方面的改变之外，对不同文化的接受也是导致藏族大学生的民族认同发生改变的原因。藏族大学生进入大学以后，生活、学习环境发生了巨大的改变，他们与汉族及其他少数民族的学生一同学习、生活，交际圈不断扩大，所接触到的文化也更为丰富和多元，这进一步导致了他们认知的改变，直接或间接地影响了他们对本民族的认同态度以及对本民族事务的参与程度。另外，青年人在交友方面从不拘束，他们渴望接触新的朋友、了解新的事物、融入新的环境，因而他们的交友范围不再局限于本族的成员，再加上大学本身就是多民族、多文化融合的地方，这就为藏族大学生进行跨民族、跨文化交流提供了便利。

本次调查还显示了个别藏族大学生对本民族事务参与度低的现

象，22.04%的调查对象表示不会在新媒体中传播本民族的某些独特的风俗习惯和文化传统。其原因是藏族大学生在外求学，接触到了新的生活人群，减少了对本民族的依赖性，或是住校条件决定了他们无法实际参与到本民族的文化活动中。

（四）学校教育

由于中国的教育制度，藏族大学生在接受大学教育的同时，还要学习中华民族的传统文化和行为规范，并参加国家重大节日和纪念日活动，从中践行爱国主义精神。由于在学习中更好地理解了民族平等、团结互助的观念，藏族大学生与其他民族的同学一样，共同参与到校园的事务中来，公平竞争、积极互动，增加了他们对其他民族的了解，能够更深刻、更客观地看待不同民族文化之间的差异。

另外，在学校之中，教学通常都使用汉语，使用相同的语言和文字实际上促进了民族间的团结和凝聚。相同的语言文字把藏族大学生与其他民族的学生连在一起，通过使用统一的语言来沟通，加深了对彼此的了解。此外，学习汉语这一行为也与藏族大学生的民族认同态度存在一定关系。藏族大学生学习汉语的时间越长，使用汉语的频率越高，他们就有更多的机会将这两种文化进行对比，这样有利于他们更理性地看待两种文化的异同，并将藏族文化作为中华民族灿烂文化中不可分割的一部分，这样不仅显示出积极的民族身份认同，也表现出更积极的国家认同。

藏族大学生与来自全国各地其他民族的学生共同学习、生活，他们之间形成了强烈的眷恋和依赖，这种情感既有利于各民族学生在“求同存异”的基础上和睦相处，又提高了各民族学生跨文化、跨民族交流的水平，从而引导他们树立正确的民族观和价值观。

四、结　语

在形成和影响藏族大学生民族认同方面，大众传媒的作用不可忽视。虽然传统媒体为不同民族成员自由对话创造了一定的空间，但是传统媒体的互动性远不及新媒体，这也使得交流表现出一定程度的不充分性。

而针对藏族大学生的民族认同，新媒体的使用起着更为重要、主观的作用。调查显示，52.65%的藏族大学生拥有手机，86.94%的藏族大学生同时拥有手机和电脑。另外，53.06%的藏族大学生早在初中时就开始接触新媒体，54.69%的藏族大学生平均每天使用新媒体2~3小时。以上数据表明，绝大部分的藏族大学生都十分依赖手机、网络等新媒体。而在这些新媒体中，汉族文化是绝对的主流文化，藏族大学生在使用新媒体的同时，不自觉地接触到多样的汉族文化，从而加深了他们对汉族文化的认识和理解。11.84%的藏族大学生在使用新媒体时主要阅览本民族的信息，20.82%主要阅览汉族文化的信息，62.04%认为新媒体对于其了解藏汉等其他民族文化有一定帮助。

新媒体的使用能够帮助藏族大学生更深层次地了解汉族文化，也给藏族大学生提供了交流、传播本民族文化的良好平台，加上使用新媒体时明显的信息识别形成的身份识别，一定程度上也能够让藏族大学生群体在新媒体中紧密团结，形成一个庞大的信息传播群体，加深他们对本民族的情感和民族认同。

（作者均系暨南大学新闻与传播学院研究生）

西藏大学英语教学现状及对策思考

潘冰冰（Pan Bingbing）

大学英语教学是高等教育的一个有机组成部分。大学英语课程是大学生的一门必修基础课程。尤其是近年来，随着西藏经济、社会的快速发展，教育事业也正在经历跨越式的发展。社会经济的快速发展和日益频繁的对外交流对西藏的高等教育事业提出了更高的要求，这就要求西藏的高等教育为社会培养出优质的复合型人才，这就涉及外语，尤其是对英语的更高要求。

作为基础必修课程，目前西藏的六所高校都对非英语专业学生开设了大学英语。由于篇幅所限，本文取西藏大学拉萨校区的在校本科生作为分析对象（以下文中“西藏大学”均指西藏大学拉萨校区），对西藏的高校大学英语教育现状进行介绍，分析存在的问题并针对这些问题提出解决建议。

一、教学现状和特色

西藏大学包括新老两个校区，老校区有文学院、师范学院、旅游与外语学院、思政部和工学院（计算机专业）五个学院；新校区包括工学院、理学院、经济与管理学院、医学院和艺术学院五个学院，新老校区合计九个学院。大学英语课程是所有学院非英语专业学生大学前两年的必修课程。目前西藏大学全日制本专科在校生为 9 320 人。除少数专业（如工学院城市规划专业为 5 年制以及专科 3 年制）外，现在校生为 2010 届至 2013 届 4 届学生。大学英语的教学涉及 2010 届学生 1 698 名、2011 届 1 713 人、2012 届 1 771 人、2013 届 2 029 人。少部分学生修日语而不修大学英语课程。

（一）教学现状

1. 分级教学

西藏由于其历史、地理和社会的原因，整个基础教育阶段的英语水平普遍较低，因而学校每年招收的学生的英语水平也较低。部分区外生源的英语基础较好，部分区内生源的英语较差，甚至有些专业的学生英语基础为零。2005年之前，西藏大学的大学英语课程按照系别进行分班，在同一班里学生的水平参差不齐，导致水平较高的学生厌学、水平较低的学生抱怨跟不上的情况出现。2005年9月开始，西藏大学正式实施在同一院系中按入学成绩进行分班教学，按高、低两个大层次进行分级，即以学生的高考英语分数作为依据。一般而言，150分为满分，高低班的分班分数介于80至90分之间，根据当年高考的具体情况而定。以2011年为例，当年应修大学英语课程的1 713名学生，除文学院藏语新闻播音主持专业的25名学生外，其他1 688名学生的英语平均分为72.98分，当年的英语高低班的分水岭为80分，即80分以上（包括80分）编入高班，80分以下编入低班。同时分班不以自然教学班为依据，而是按学院编班为主，两个至三个学院混编为辅，利用这样的手段将成绩在同一分数段的学生编入同一相应教学班。

不同级别的班级使用不同的教材，其中高班使用《大学英语精读》、《大学英语·听说》，低班使用《新概念英语》，根据各班的具体情况按照不同的学习进度、不同的侧重点和不同的教学手段进行教学，期末考试按照不同的班级使用不同的试卷。从2005年起，西藏大学开始在全校范围内安装多媒体，至2007年所有教室均可以进行多媒体教学，教师可以利用多媒体向学生展示更多的信息。

分级教学中，学生可以向教学管理部门提出转班的申请。一般情况下，原则上的转班鼓励学习上进步较大或者英语科目高考失利的学生自己提出申请，由低班转向高班。而由高班转向低班在一般情况下不会得到允许，其审核过程要比低转高严格，历时较长，比如经过任课教师一个学期的观察，在确认申请学生无法跟上的情况下写出证明，才能完成学生高转低的第一步。

2. 评价体系

西藏大学的英语教学形成性评价由出勤、课堂表现、平时作业、平时测试、期中测试及自主学习六大部分组成，占整个学期评测分值的40%。在大学英语课程开始之前教师向学生解释该评估方法，对学生形成约束力。终结性评估包括：①大学英语命题小组进行的期末纸质考试，占测评分值的60%；②大学英语4、6级考试。大一下学期能通过大学英语四级并达568分（即以710分满分作为标准，达到一百分制的80%）或六级考试425分的可以申请免修大二的大学英语。

2005年教育改革年至2009年，每届学生达到《教学要求》中“一般要求”、“较高要求”和“更高要求”的比例在逐年提高。2005—2009年之间4届经历了西藏大学英语教改的大学生在“一般要求”、“较高要求”和“更高要求”的比例为全部学生的42%∶14%∶9%；2006届的比例为45%∶16%∶11%；2007年的比例为45%∶17%∶12%；2008届的比例为47%∶19%∶13%；2009届的比例为50%∶19%∶14%；2010届后未进行统计。其余学生未达到相应的要求。

3. 教材使用

由于学生的英语基础较差，为整体提高西藏大学的本科教学水平，学校的一线任课教师进行了深入的调研和科学的论证，筛选出切合西藏大学学生实际情况的教材。同时根据分级教学的要求，针对不同学生选择不同难度的教材。目前针对基础较好的学生选订了由上海外语教育出版社出版的《大学英语》（董亚芬主编，一、二册），对基础较差的学生选择了《新概念英语》（一、二册），以使每一个学生根据自身的实际情况掌握一定的英语知识。

4. 教学条件

从2005年起，西藏大学开始在全校范围内安装多媒体设备，至2007年所有教室可以进行多媒体教学。2012年，大学英语被列入西藏大学校级精品课程，教师们制作了PPT、多媒体课件以适应特色教学。

（二）教学特色

1. 三语教学

西藏是一个少数民族聚集的地区，在校的学生大部分都是少数民族学生。他们既要学习汉语，还要学习藏语和英语。藏族学生在整个大学人数中的比例为50%左右。以2011届学生为例，当年录取学生人数中学习大学英语课程的学生人数为1 739人（实际报到入学人数为1 677人），其中藏族学生人数为793人，占全部人数的45.6%；汉族学生为896人，占总人数的51.5%；其他民族50人，占总人数的2.9%。对于藏族学生来说，除藏语是自己的母语以外，他们的第二语言是汉语，在学习英语的时候，必须先学好汉语。英语作为第三语言的习得对大部分藏族同学来说是有一定的困难的，因为他们必须在三种语言当中做转换。但同时，长期的汉语学习也对他们的第三语言——英语的习得有一定的好处，即便于在学习英语的过程中对所学语言进行横向的比较和纵向的联想。而且藏族学生性格开朗，能歌善舞，这些特点在他们学习英语过程中表现为吐词清晰，音域广阔，善于表达。所以在教学过程中，授课的英语教师应根据藏族学生的特点，因材施教，强化藏族学生的口语表达能力，使他们在连续地使用语言的过程中掌握英语，而不是一味地灌输语法和文化知识。对于个别班级中汉语基础较差的藏族学生，要求老师能够用藏语和英语进行双语教学，便于学生对英语的理解和掌握。另外，针对汉族学生较多的班级，也应适当增加一些藏语，为他们以后在西藏工作提供便利条件。

2. 西藏特色文化教育

为了适应西藏大学生（不分生源）毕业后超过93%留西藏工作的情况，大学英语教学单位2007年申报了《西藏传统文化英语读本》教材的编撰，并于2010年完稿，现已投入大学英语教学的使用。里面涉及西藏文化、汉族文化和西方文化的对比，使学生在学习英语的同时增补了相关的西藏传统文化知识。教师们也在教学环节中增加了西藏特色文化的英文讲解部分，并体现在自制的PPT中。

二、存在问题

（一）目前使用教材中存在的问题

虽然目前西藏大学所使用的两套教材在全国范围内适用，却没有针对西藏特殊文化的相应资料。对于约50%的学生为少数民族的院校，没有针对性、远离学生实际生活的教材很难得到学生的认同。尤其是对于西藏农牧区的藏族学生而言，这些教材存在巨大的文化疏离，从而影响了教学效果。

（二）大班教学

下图是使用SPSS软件对目前在校的2010至2013届4届大学英语分班情况所作的分析。表1中显示的班级数表示4届的全校大学英语分班情况，全校4个年级合计103个班级，高低班分别为39个和64个，占总数的百分比分别为37.9%和62.1%。图1

显示的是这103个班级各个班的人数情况，可以看出班级人数多为每班50～90人，4个年级的班级人均数为69人。这样的大班教学对于语言学习来说存在很多的负面影响，如无法实施小班教学的口语和听力练习，学生人均参与程度低等。

表1　班级数表

	频率（个）	百分比（%）	有效百分比（%）	累积百分比（%）
高班	39	37.9	37.9	37.9
低班	64	62.1	62.1	100.0
合计	103	100.0	100.0	

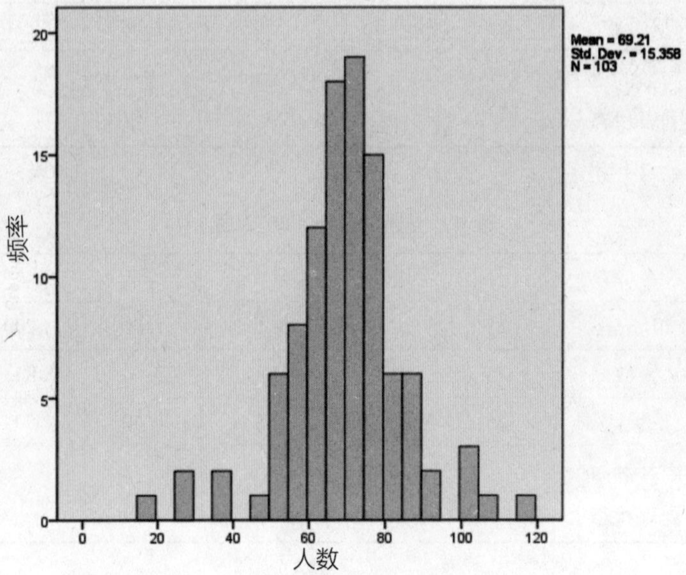

图1　班级人数表

表2、3、4、5分别展示了2010届到2013届各个班级人数的具体情况，2010届有22个教学班，班级人均数为73人；2011届有26个教学班，班级人均数为64人；2012届有25个教学班，班级人均数为69人；2013届有30个教学班，班级人均数为71人。从班级数量基本呈逐年上升的趋势可以看出，西藏大学也希望使用增加教学班级的手段来减轻教学压力以取得更好的教学效果，但是在招生人数逐年增加的趋势下，增加教学班并没有真正解决

大班教学的问题，只是将班级人数尽量控制在75人之内而已。

表2　描述统计量（2010届）

	N	极小值	极大值	均值	标准差
2010届	22	1	1	1.00	.000
人数	22	28	118	73.18	23.221
班级数	22	1	2	1.59	.503
有效的N（列表状态）	22				

表3　描述统计量（2011届）

	N	极小值	极大值	均值	标准差
2011届	26	1	1	1.00	.000
人数	26	25	77	64.62	10.108
班级数	26	1	2	1.58	.504
有效的N（列表状态）	26				

表4　描述统计量（2012届）

	N	极小值	极大值	均值	标准差
2012届	25	1	1	1.00	.000
人数	25	50	84	68.64	9.823
班级数	25	1	2	1.60	.500
有效的N（列表状态）	25				

表5　描述统计量（2013届）

	N	极小值	极大值	均值	标准差
2013届	30	1	1	1.00	.000
人数	30	17	94	70.77	15.413
班级数	30	1	2	1.70	.466
有效的N（列表状态）	30				

（三）低班英语的教学效果不理想

对于占大学英语班级大比例的低班而言，教学效果不甚理想，没有较为合适的教材。以2011届学生为例，在1 713名学生中，包括25名播音主持班的学生，低班人数为953人。因为未获得播音主持班的高考英语分数，所以以下分析未包括该班的情况。

表6显示，2011届大学英语编入低班的学生人数为953名，高考英语平均分为49.5，其离散值偏态（skewness）为1.004，大于1为高度偏态分布，即大部分低班学生的高考成绩是集中在均值左右的；其峰度（kurtosis）为1.133，为尖峰，即表示离散程度较小，学生的高考成绩大部分集中在均值49.5附近。图2的箱型图显示的两个高分极值是艺术学院的学生的。由于艺术学院学生入学分数相对较低、各专业有较多的社会实践等特殊情况，该学院学生直接编入一个班进行教学。

表7显示，低班的学生中，区内藏族学生人数为723人，占低班总人数的75.9%（可参考图3）。如果要提高低班的教学质量、改善教学效果就应当从对占大比例的藏族学生的教学方法入手。

表6　2011届英语低班学生英语成绩分析表

	民族	分数
有效值	953	953
缺失	0	0
均值		49.5
均值标准差	.018	.406
中值	1.00	47.00
标准差	.548	12.540
偏度	2.496	1.004
偏度的标准差	.079	.079
峰度	8.068	1.133
峰度的标准差	.158	.158
极小值	1	17
极大值	4	115
总数	1 215	47 169
百分位数25	1.00	40.00

（续上表）

	民族	分数
百分位数 50	1.00	47.00
百分位数 75	1.00	55.00

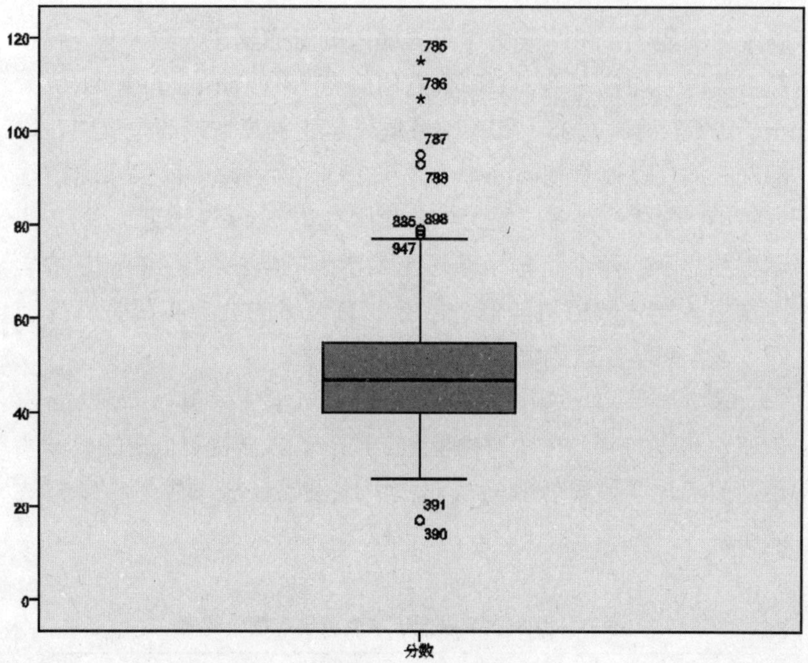

图 2　箱型图

表 7　低班学生中各族人数情况表

	频次（人）	百分比（%）	有效百分比（%）	累积百分比（%）
藏族（区内）	723	75.9	75.9	75.9
藏族	4	.4	.4	76.3
汉族	207	21.7	21.7	98.0
其他	19	2.0	2.0	100.0
合计	953	100.0	100.0	

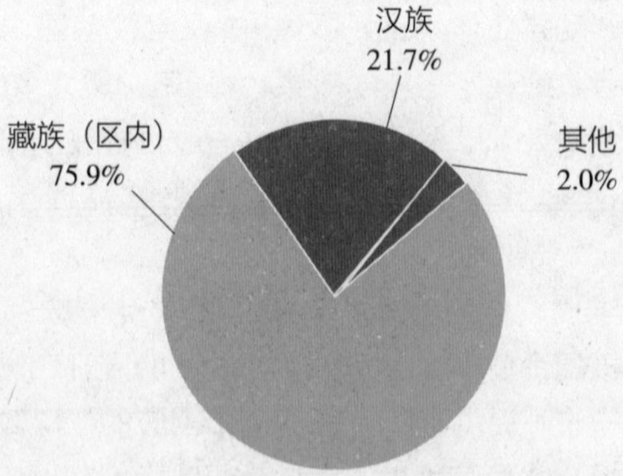

图 3　低班学生中各族人数占比例图

（四）师资力量不足

目前西藏大学大学英语教师与学生的师生比例严重失衡。以 2013 年下半年为例，大一、大二两个年级大学生人数为 3 800 人，在岗专职大学英语教师为 14 名，师生比例悬殊达 1∶271。55 个班级，每周 220 学时，在每位教师平均学时达 12 时/周的情况下，还有 52 学时，即 13 个班的课没有教师上。在这样师生比例严重失衡的情况下，大班英语无法保证质量。并且由于教师的紧缺，使得教师的外出进修、学历提升甚至是学术交流都处于有机会无时间的状态。从而使教师们在学术、科研等方面相比其他高校同专业滞后，无法真正形成教学与科研相长的良性局面。

另外，在职称结构上，西藏大学公共外语教研室在编人员 18 名，副教授 1 名，讲师 15 名，助教 2 名，严重缺乏高职称教师和学科带头人，很多比较好的方法都是教师们在教学中慢慢摸索出来的。

三、解决方案

为提高西藏大学大学英语教学质量、改善教学效果，该课程经历了几次重要的改革阶段。第一阶段为 2004 年分级教学作为校级教改项目立项，迈出了大学英语分级教学的第一步，也取得了较为可喜的教学效果。第二阶段为 2011 年另一校级教改项目“西藏大学‘大学英语教学中合作学习的实验研究’”，这一项目提出在大学英语教学中结合使用合作教学的方法，尤其是针对区内生源的藏族学生如何在大班教学中实施合作学习，以期达到一定的教学效果。两年的试验证实该方法能产生较好的教学效果，能更好地调动学生学习的积极性。在全校范围内稳步推进该方法应当也会收到良好的教学效果。第三阶段为2012年，大学英语被列为西藏大学校级精品课程，一线教师在制作的课件和教案中加入了西藏特色的文化介绍，用来弥补现用教材上的不足。

西藏大学学校领导的重视和支持、大学英语教师的积极参与、学生的积极配合使得教育改革得到顺利的展开和进行：①学校为大学英语的改革提供了应有的资金和相应的倾斜政策，这是教改成功的前提；②西藏大学的大学英语教师不断更新观念，积极参与到大学英语的教育改革中，借鉴内地院校大学英语的先进管理方法，结合西藏当地的实际情况积极探研适合的教育管理模式。教师们也在这个过程中不断丰富和充实自己的知识。同时，西藏大学的大学英语教师队伍有着良好的团队合作精神，保证了英语教育改革的顺利进行；③认识到英语在今后工作生活中的重要性，学生学习英语的积极主动性也在逐年提高，推进了教改的顺利进行。几年的大学英语教育改革，以及大学英语教师的积极参与，为西藏大学英语教育的课程建设、考试模式、试题设计等方面的发展提供了有力支撑，使大学英语教学更适应西藏大学的特殊情况。

上述的教学改革为大学英语教学提供了理论依据，针对实际教学中存在的困难，西藏大学也推出了一系列解决方法：

（一）聘请教师缓解师资压力

为解决师资紧张的问题，经由西藏大学教务处批准，大学英语教学单位审核，聘请的大学英语授课教师主要来源有：西藏大学在校研究生和西藏大学其他院系教师。以2013年为例，上半年聘请专职大学英语教师12名，12名外聘教师中研究生8人，其他院系教师3人，外单位人员1人；2013年下半年在岗专职教师14人，外聘教师13人，其中研究生12人，其他院系教师2人。这一方法大大缓解了专职教师的授课压力，让他们有更多的时间和精力投入到科研和提高教学质量上去。

但这一方法在起到积极作用的同时，其不易监督管理的副作用也不容忽视，这在外聘教师身上表现为组织松散、教学情况反馈不及时、班级教学连续性差等问题。

（二）学生助教

为解决大班的作业批改困难，课后师生、生生之间互动少等问题，2013 年下半年，西藏大学针对大学英语课程教学，批准通过了英语专业班学生担任大学英语班英语助教的申请，从旅游与外语学院英语专业班中挑选出 45 名英语基础扎实，听力、口语、写作各方面均较强的学生协助任课教师。 半学期的试行已经取得了一定的积极效果。

（三）深化分级教学、自编教材

目前高、低班的 2 级教学尽管已经取得了不错的教学效果，但还是不能最大限度地适应西藏大学学生英语差距大的情况，教学单位提出深化分级教学的设想，实行“高、中、低”3 级教学，并集合一线教师合编具有针对性的低班大学英语教材。

四、结　语

由于地域、生源的特殊性，西藏大学的教学工作不能生搬硬套其他高校的方法，但是也不能完全闭门造车。 在借鉴其他院校先进的教学方法的基础上，西藏大学教职员工探索更适合西藏大学大学英语教学手段的努力从未中断过，多年的研究已经让西藏大学的英语教学取得了一定的成效，今后西藏大学的大学英语教学一定会慢慢走上成熟的道路，从而收获丰硕的果实。

（作者系西藏大学旅游与外语学院副教授）

艺术传播

格萨尔说唱艺术的继承与传播

——专访最年轻的格萨尔说唱艺人斯塔多吉

刘　爽（Liu Shuang）　化麦子（Hua Maizi）　严　艳（Yan Yan）

一、前言：格萨尔文化概述

据历史考证，早在四千多年前，西藏高原地区就有人类活动的踪迹了。而且，各种历史文物显示当时这里就已经达到了很高的文明程度。在这片号称“世界屋脊”的高原上，勤劳勇敢的藏族人民积累和创造了大量的实践经验和文化遗产。第一代藏王盛行苯教文化，公元七世纪前后，佛教进入西藏，经过藏民的继承和发展，藏族文化形成了以藏传佛教和“大小五明”为代表的佛学、哲学、医学、天文、文艺等领域的理论。根据有关资料，在我国所有的古文献中，藏文的文献数量仅次于汉文的文献，居于第二位。①

在藏族丰富的文化宝藏中，有一种活形态的艺术表演形式，至今仍在不断发展，它就是被称为中国的“荷马史诗”的《格萨尔王传》，实际上它是世界上最长的史诗。它是一种讲故事的歌，有说有唱，流传甚广，以说唱的形式吸引着广大群众，深深打动了人们的心。说唱的表演形式使史诗插上了音乐的翅膀，传遍雪域高原的千家万户。在藏区漫长的历史中，格萨尔说唱音乐以极强的生命力和艺术表现力在民间代代相传。

纵观西藏历史的基本状况和史诗的主要内容，我们可知它是以吐蕃王朝时期为历史背景，以公元前二三百年至公元六世纪苯、佛两教之间的矛盾斗争为主要内容而形成的。② 经过十几个

---

① 觉嘎．西藏传统音乐的结构形态研究[M]．上海：上海音乐学院出版社，2009.

② 边多．西藏音乐史话[M]．北京：中国藏学出版社，2006.

世纪的发展，由不同的民间说唱艺人围绕着格萨尔王创造了这样一部伟大的史诗。

《格萨尔王传》讲述了古代藏族人民英雄格萨尔王统一高原的故事。相传格萨尔王是莲花生大师的化身，他一生降妖伏魔，除暴安良，南征北战，统一了大小150多个部落，使领土归于统一。他的故事广泛流传于西藏、蒙古、四川、云南等地。

该史诗的绝大部分内容都用演唱的形式表演出来，由民间技艺高超的说唱艺人创作并发展。同世界上许多其他著名史诗相比较，《格萨尔王传》有着自己的特点和优势。其中一个重要的特点就是：它至今还在西藏等地区的群众中广泛流传，它是一部活的英雄史诗，是一份典型的非物质文化遗产。史诗在流传的过程中，正是那些才华出众的民间说唱艺人对其起到了巨大的作用，作出了重要贡献。他们是这部史诗的直接创作者、忠实的继承者和热情的传播者。如果没有他们的努力，中华民族乃至世界将会失去这一珍贵的文化瑰宝。

因此，总体来说，《格萨尔王传》是一种包含多种艺术表现形式的文化遗产。其主要内容是关于西藏人民英雄人物格萨尔王的故事，不同的说唱艺人对此有着各自殊异却又总体上一致的表述，因而产生了世界上最长的史诗——《格萨尔王传》。民间说唱艺人在此过程中用音乐和表演的形式创作和传递格萨尔文化，使得格萨尔文化时至今日仍在拉萨地区有着强有力的生命力。这就为我们研究格萨尔说唱的传播问题提供了良好的条件。

在拉萨的采访调查中，我们被这种古老而又年轻的艺术形式所吸引，因此探访了格萨尔故事会（西藏自治区社会科学院主办的关于格萨尔的说唱故事会），参观了西藏电台录制格萨尔音乐节目的现场。在查阅相关资料，掌握一手信息之后，我们将目光聚焦在了一个人的身上——号称最年轻的格萨尔说唱艺人——斯塔多吉。我们对其进行了专访，通过此次专访，读者可以更深入地了解格萨尔艺人的生存现状。

二、斯塔多吉：一个《格萨尔王传》的继承者

今年24岁的西藏大学学生斯塔多吉身上有许多标签，比如，他是“西藏最年轻的格萨尔说唱艺人”；再比如，他是“全国唯一拥有大学学历的格萨尔说唱者”。斯塔多吉是个典型的藏族男孩，目前就读于西藏大学文学院，主修藏语言文化。黝黑的皮肤，个子不算高，一身藏式装扮。他说话声音不大，笑起来很腼

腆。但是看过他说唱格萨尔的人都觉得说唱时的他“和现实生活差别太大”，完全变了一个人似的。斯塔多吉从小到大的经历基本都是围绕格萨尔说唱展开的；他谈格萨尔说唱，也总是富有强烈责任感地说着“继承”与“使命”。

格萨尔的说唱艺人分为托梦艺人（也叫神授艺人）、圆光艺人、闻知艺人、掘藏艺人等，斯塔多吉属于托梦艺人。尽管事先在网络上了解了很多关于他的资料，但是面对面听他讲述他与格萨尔说唱的故事，还是令我们分外着迷。

（一）结缘：梦中“吃下”经书

斯塔多吉与格萨尔说唱结缘于他九岁时的一场梦，这个梦他至今仍然记得很清楚。

斯塔多吉的家乡在西藏昌都边坝县，家里以放牧为生。在那个神秘的梦境之前，关于格萨尔王的故事他只是零星地从长辈那里听到过一点；由于父母都不识字，那时的他连“格萨尔”三个字怎么写都不清楚，至于将来有一天能够长篇大论地讲述格萨尔王的故事，他更是“想都没有想过”。

故事的转折出现在斯塔多吉上小学二年级的时候。他当时在乡里的小学念书，晚上住在学校。某个晚上，他睡下之后就开始做梦。梦中他来到了一片辽阔的草原上，草原上有羊、牦牛，还有各种鲜花。正当他很高兴地欣赏美景时，两个“人”骑着马突然出现在他身边，这让斯塔多吉不由得紧张起来。这两个骑马的“人”跟普通人长相不太一样，他们只跟他说了一句：“今天你必须跟我俩去！”说完便拉着斯塔多吉到了不远处的一个地方，那里有穿着各异的“军人”，还有很多帐篷。

两个骑马的“人”将斯塔多吉带到了一顶帐篷前，对帐篷中的人说：“你要的人我们带来了！”说着斯塔多吉便进了帐篷。但是他并不能看清楚帐篷中到底有谁，只知道有人把一些经书给了他，并听到有声音告诉他：“你要把格萨尔王的历史在人间继承。”说着便要他把经书一一吃下去。

斯塔多吉不明白这其中有什么道理，但是他还是把经书都吃了下去。这是他第一次做有关格萨尔的梦，“感觉梦境很真实”。斯塔多吉在十多年后讲起这个梦，依然能够回忆起很多细节，正是这个梦，改变了斯塔多吉之后的人生，他醒来后，身份就从一名普通的小学生逐渐转化为格萨尔说唱艺人。

（二）说唱：现实与梦境的穿梭

斯塔多吉的第一次格萨尔说唱是在他9岁那年，在那个神奇的梦之后。他醒来后，感觉胸口很闷，“像是有什么东西在身体里，到达了胸口”。当他早上坐在学校乒乓球台上回忆昨晚的梦境时，他觉得“像电视剧一样真实”！同学叫他吃早饭，他却觉得很“饱”，什么都吃不下。当坐在教室里上课时，他心不在焉，同桌告诉他：“你今天很不一样。”

同桌的话的确没有错，身在课堂的斯塔多吉眼前有无数画面——草原、士兵、征战……终于，他站起身来，当着老师和同学的面开始说唱起来。而斯塔多吉对这一段时间的记忆是空白的，他只是从老师的口中得知他一唱就是两节课，同学们都认为他“发了疯”，纷纷跑出教室，他自己完全没有意识。“当时只是感觉有什么东西一定要吐出来！”

斯塔多吉的第一批听众就是这批被吓坏了的同学以及既惊讶又兴奋的老师。当时他的藏文老师一听便知道斯塔多吉说唱的正是藏族文化的瑰宝——《格萨尔王传》。他被带到了校长和其他老师面前，藏文老师要求他再唱一次，他就站在老师办公室，从早上唱到了下午放学。

后来，他每天都会在学校的广播站里说唱一段《格萨尔王传》，再后来，他就经常离开学校，到当地的各个地方为百姓说唱。“那时候一天不唱就会觉得不舒服。”

在老师眼里，斯塔多吉背诵藏文课文都不一定顺畅，但是每当开始讲述格萨尔王的故事时，即使内容再多他也能声情并茂地说唱出来。斯塔多吉在小学时就有许多周边地区的百姓邀请他说唱，那时候，不管是个人还是集体邀请，他一概接受；不论是1块还是5毛的“出场费”，他一律会唱，他说百姓爱听，他也爱唱。

他爱唱到了什么程度？他说他曾经连续不断地唱过两天两夜，没有休息。唱这么长时间不觉得辛苦吗？他说一点也不辛苦，反而感到很舒服。“我眼前有很多画面，不停出现，我就不停地唱。”唱的时候是什么感觉呢？斯塔多吉笑着说有时候自己都很难分清楚说唱时到底处于什么状态，亦真亦幻，分不清现实与梦境。

（三）继承：来自现代化的危机

演出时的斯塔多吉完全变了一个人，他会一边说唱，一边做出相应的动作，声调和语气也都会随着角色的变化而变化。 只有他自己知道在说唱时自己眼前看到的是各种画面，而他只是将这些画面用语言描述出来而已。

斯塔多吉第一次讲述的故事是格萨尔王的降生，这是听他第一次说唱的老师告诉他的。 到现在，他能说唱的故事已经比之前的丰富许多，这些故事的来源基本是梦境。 作为托梦型说唱艺人，他总是从梦中获得更多的故事，然后将这些故事向大众表演出来。 “或许是一年，或许是两年，我就会梦见我吞下了许多经书，醒来后就获得了新的故事。”还是那片草原，还是类似的“人”，每隔一段时间斯塔多吉就会在梦中“吃下”经书，这是他说唱内容的来源。

格萨尔说唱使斯塔多吉的人生轨迹发生了彻底的变化，最大的变化莫过于他能够从一个偏远地区考到西藏大学，开始系统地学习藏族文化和语言。 他说，他在 2010 年成为了他家乡的第一个大学生，当年同他一起上小学的十一个同学，只有他一个人完成高中学业进入了大学。

也正是如今大学生的身份，斯塔多吉感觉身上多了一份责任。 在说到格萨尔说唱的继承与发展时，斯塔多吉用到了两个词——伤心和危机。 在说出这两个词时，旁人能明显地从他的语气中体会到沉重感和急迫感。

斯塔多吉对格萨尔说唱继承问题的体会始于高中。 那是来自中国社会科学院民族学与人类学研究所一位教授的提醒，“教授告诉我这是世界的非物质文化遗产，对继承藏族文化有重要作用”。 如今，传播格萨尔的故事对斯塔多吉而言更像是一种使命。 他说，现代化的脚步太快，格萨尔说唱随时面临着消失的可能。

2009 年，还在高中的斯塔多吉在拉萨参加了全国格萨尔研讨会，研讨会上他接触到了来自全国各地的专家和说唱艺人。 当年，“《格萨（斯）尔》史诗传统”入选联合国教科文组织的非物质文化遗产名录，格萨尔说唱因此得到更多重视；而硬币的另一面是，如今很少有艺人可以掌握《格萨尔王传》的全套说唱内容。 “可能青藏高原就一两个吧！”斯塔多吉说时显得有些焦虑。 在西藏那曲地区，可能会看到不少说唱格萨尔的场所，但是，这些场所大都商业化了，其中的说唱艺人可能只是依照已有的文本和演出进行背诵和模仿。 这是参加完 2009 年的研讨会后斯塔多吉的一个整体感知。

（四）录制：传播到更远的地方，更多的人那里

在斯塔多吉眼里，通过各种方式将格萨尔说唱继承下来似乎是比其他一切都更为重要的一件事。他目前在做的事便是想办法将格萨尔的故事传播得更远，保留得更长久。为此，他从大学一年级开始就行动了起来。

录制音频是最为直接的传播和保存方式。2010 年 9 月 1 日是斯塔多吉正式成为大学生的日子，而从 9 月 10 日起，他就开始在西藏人民广播电台录制《格萨尔王传》，并且由西藏人民广播电台将音频资料传给中央人民广播电台，在全国播出。

他录制的《格萨尔王传》在两家电台一播就是将近四年，如今大四的他仍在继续录制。录制这档节目并非那么顺利，最开始西藏人民广播电台找到斯塔多吉提出想通过音频来传播《格萨尔王传》时，学校和昌都文化局方面并不同意，因为这其中涉及复杂的版权问题。虽然学校方面不同意，但是斯塔多吉还是没有犹豫地开始了，并且坚持了近四年。他说他的想法不复杂，只是想让更多人知道格萨尔的故事。"在我们青藏高原的许多偏远地区，牧民们根本就没有电视机等工具，他们也不识字，能够通过广播让他们在放牧的时候听到格萨尔的故事，就可以将这个文化传播到更多人那里！"如今，斯塔多吉已经在电台录制了 150 多小时的《格萨尔王传》，但他说这远远不够。

好消息是，在 2013 年 9 月 13 日，西藏大学拨专款启动了斯塔多吉说唱录制专项工作，他正在录制的《西方底斯王》部分是之前的格萨尔说唱艺人都从未说唱过的内容。

说到正在进行的录制工作，斯塔多吉很开心，他说学校的录制设备和录制人员都更加专业，不仅录制高质量的音频，还同时录制视频，经过后期制作，将会有藏语和汉语字幕同时显现，这对于传播《格萨尔王传》无疑起到了更大的作用。

（五）使命：用更多方式传播格萨尔

斯塔多吉为《格萨尔王传》的传播做了很多，对他而言，这更多地意味着一种使命。他会利用课余时间自己在宿舍录下说唱。有时，他会边唱边记录。如今，斯塔多吉已经完成了一部用藏文写成的关于格萨尔王的故事，讲述了格萨尔王降生之前的世界。这部作品是他从大二开始创作的，约有 12.8 万字，目前已经计划出版。

斯塔多吉的演出经验很丰富，他上过央视，在北京国际文化

创意产业博览会等场合演出过，接受过很多媒体的采访，每年都会在西藏藏历新年晚会上表演。曾经有媒体在采访他后总结道：“‘继承’和‘发展’是他谈论得最多的词汇。”

在西藏大学流连，也许你就可以凑巧在不大的校园中碰到斯塔多吉在为同学们说唱《格萨尔王传》。事实上这是斯塔多吉大学四年里经常做的一件事，时间、场合都没有限制，只要有同学邀请，他便会开口说唱。或许是在教室、舞台上，化好妆、穿上演出专用的衣服说唱，也或许只是在校园一角的草坪上随意地为同学们唱上几段。

“同学们感兴趣，想研究，我很高兴。”作为唯一一个拥有大学学历的格萨尔说唱艺人，斯塔多吉说唱出来的格萨尔的故事，大家都能听懂。他的说唱既有康巴地区方言，又有拉萨地区方言，这让格萨尔的故事更加生动。“有的场景只能通过某一种方言的词汇才能描述出来，所以我交替使用两种方言来说唱，让更多人能够听得懂！”斯塔多吉认为这是其在继承与发展格萨尔传统方面显示出的最大的优势。

目前，斯塔多吉已经被西藏大学文学院录取为研究生，对于格萨尔的未来，他有许多想法：他计划将格萨尔的故事翻译为汉语；他希望格萨尔的故事能写出来拍成电视剧；他还打算学习绘画，将自己看到的格萨尔故事的场面画出来……

“这些事单靠我一个人的力量是很难完成的，需要很多帮助。”继承格萨尔传统，斯塔多吉很清楚面临着怎样的困难和挑战，不过他还是决定要一直坚持下去，他说他心里非常清楚《格萨尔王传》对于藏族文化意味着什么，也非常清楚这部史诗对于藏族的百姓意味着什么。

“我想让更多的人听到格萨尔说唱，让《格萨尔王传》能够保留下来。”斯塔多吉这个愿望很简单，但也很困难。

（六）采访手记：被“选中”的孩子

采访斯塔多吉颇费了一番周折。最初打电话，一直没人接听，联系到他后又得知需要得到他所在的西藏大学文学院领导的同意。最终，在我们表明采访内容主要涉及《格萨尔王传》后，采访获得了同意。在一个阳光明媚的下午，我们见到了斯塔多吉本人。

在去采访斯塔多吉之前，我们在网络上查找了不少关于他的资料，也看了很多篇不同媒体对他的专访。文章对他的描述都很“标签化”——他 9 岁时由于一场神奇的梦境突然可以说唱

《格萨尔王传》，如今他是最年轻的格萨尔说唱艺人，他是唯一一位受过大学教育的格萨尔说唱艺人，他计划将《格萨尔王传》从藏语翻译成汉语，甚至英语……

采访过他本人之后，我们除了对他作为托梦艺人拥有天赋的能力产生了极大的兴趣之外，听到更多的是他作为一个普通人的心声。

他告诉我们，当初报考大学，并不知道自己会被西藏大学录取。高考之后本来另有打算的他却进入了西藏大学，背后的原因就是他具有说唱格萨尔王这一惊人的天赋。

他告诉我们，自己的大学课余生活很简单，基本上都用在了录制《格萨尔王传》上。有时是到电台录制，有时就在宿舍用自己简单的设备录制，有时还边录制边用文字记录。他说他时常看着身边同学的大学生活如何丰富，自己却羡慕不来。

他告诉我们，自从上大学离开了昌都地区之后，将近四年，他没有回过一次家。寒假他要在拉萨录制藏历新年晚会的节目，暑假他会奔赴全国各地进行《格萨尔王传》的表演。提到远在家乡的母亲，斯塔多吉的眼睛有些泛泪，但他说，今年难得地可以回家与家人团聚。

他还告诉我们，其实他心里还有许多未达成的愿望。他从小就有一个军人梦，他喜欢军装，羡慕军人的威武。不过这些梦想他都很少提起，也很少再去回忆了。

从某种意义上说，斯塔多吉一方面是一个被神“选中”的孩子，他的人生轨迹从他九岁的那个梦境后就彻底被改变了。在这样的人生轨迹上，斯塔多吉为格萨尔说唱艺术的继承贡献着自己的力量，他自己将此视为一种神圣的使命。

但另一方面，“我其实只想做一个很平凡的人”也是斯塔多吉时不时就会说的一句话。他为《格萨尔王传》的继承所做的的确在某种程度上已经超出了他这个年龄段应该承担的。

采访斯塔多吉时，我们时常会忘记他只是一个 24 岁的大学生。他坦承自己的汉语还不太流利，要将藏文的《格萨尔王传》翻译成汉语还有许多工作要做；他说有的文章称他想将《格萨尔王传》翻译成英文，那完全是“捕风捉影”……他近期的打算就是留在拉萨，留在西藏大学，因为那里关于格萨尔的资料很丰富，很多都是一手的。

采访结束后，我们让斯塔多吉教我们几句藏语，他教我们说了“谢谢”和“再见”。在道别时，我们很感激地用藏语跟他说了句“ya jung（谢谢），ka li pei（再见）！”他用藏语欢快地回了一句“ka li pei”之后，就匆匆地消失在了文学院的楼道里，他这是赶着去录制格萨尔王的故事呢。

（作者均系暨南大学新闻与传播学院研究生）

次仁平措教授访谈录

刘　爽（Liu Shuang）　杨伟龙（Yang　Weilong）

为了进一步了解格萨尔音乐的研究、继承和传播现状，我们采访了西藏自治区社会科学院的次仁平措教授。次仁平措教授是西藏自治区社会科学院民族研究所所长，西藏大学格萨尔研究中心主任，格萨尔专业硕士生导师，出版了多部格萨尔艺人桑珠的说唱文本，对“格”学有很高的造诣。访谈时我们遵照次仁平措教授的要求，未录音，只有手写笔记，因此本访谈录是由手写稿扩展整理而成，其中如有出入和错误皆由笔者承担责任，与次仁平措教授无关。

虽然我们在采访之前已经查阅了相关的背景资料，撰写了采访提纲，做了相对充分的准备。但真正采访的时候，还是深感藏族文化——特别是格萨尔文化的博大精深。同时，次仁平措教授渊博的知识也令我们这些后辈感到钦佩。作为研究所的领导，他待我们十分温和，毫无架子，在工作和开会的间隙里接受了我们的采访。他向我们两个远道而来的造访者耐心地介绍了格萨尔各方面的研究，深入浅出，发人深省。

这次采访我们并没有对格萨尔文化的民族文化、宗教等方面的内容进行过多的挖掘，而是关注格萨尔音乐的历史和发展现状，以及当下社会和媒介环境的变迁对格萨尔音乐和文化传播的影响等方面的内容。

访谈内容

问：次仁平措老师，您好！我们是暨南大学新闻传播学院的研究生，我们正在做西藏格萨尔音乐传播研究的课题，想了解一下您对于这方面的见解！

答：好的，可以。

问：首先，我想咨询一下老师，就您所知，现在有多少位格萨尔说唱艺人？

答：这个问题在学界有很多种不同的说法。由于每位学者及不同省份的研究中心的标准不一，所以据此标准得到的数据也不一样。而且，大范围正式的普查得到的确切数字也没有。按照我们的标准来说，西藏地区有 57 位民间说唱艺人。这个标准相对来说较为严格一点，我们的标准是艺人最少能说出十宗以上的故事，只能说一段故事或者几段的民间艺人就不在此范围之内了。一宗就是一个完整的故事，每一宗的故事都不一样，所以这个要求还是很高的。

问：相较于之前，您认为艺人的数量是增加了还是减少了？

答：这个难说。在 20 世纪 80 年代以前，对格萨尔艺人数量没有普查过。因此很难说是增加了还是减少了。但根据一般规律来说，我认为传统的说唱艺人人数是减少了的。但是现在也涌现了很多年轻艺人，根据那曲地区的普查，现在有 65 位民间艺人，但这个数字也是采取那曲地区的普查标准。比较年轻的艺人比如斯塔多吉。我们发现的年龄最小的说唱艺人是 11 岁。

问：传统格萨尔音乐的传承及传播方式主要有哪些？

答：传统格萨尔音乐的传承主要靠两种方式：文本和口耳相传。过去很多格萨尔说唱艺人目不识丁，比如在 20 世纪 80 年代，一共发现 45 位民间艺人，但只有 4 个识字，还不是那种非常熟练的读书写字。所以过去也有文本，但印刷的少，手抄的多，比如听众等将艺人说唱的内容记录成文本并进行传递。大部分还是传统的口耳相传。也就是说，这种传播形式非常依赖民间艺人的记忆。现在我们所做的首要工作就是抢救格萨尔音乐这一宝贵财富，因为有许多年迈的老艺人，他们的记忆里有很多独特的故事，但由于各种原因无法及时地记录下来，那些独特的民间文化只能随着老艺人的作古而消逝。这种悲剧在之前已经发生过很多，现在我们的当务之急就是极力避免这样的情况再次出现。

现在，也有学者认为我们格萨尔研究者当下的任务已经开始转移到对《格萨尔王传》本身的研究上来了。这种说法本身虽然没错，但格萨尔音乐的抢救工作还是要继续开展的。我们认为这两者是并行不悖的，不能忽视了抢救工作，因为这是一切研究工作的起点。

问：据我们所知，您在记录和出版格萨尔艺人说唱文本方面的工作做得很出色。您能简单介绍一下您的著作吗？

答：我之前也一直在做格萨尔艺人的说唱文本整理和出版工作。目前已经出版的作品有一百多本，其中不少是关于桑珠（西藏著名格萨尔说唱艺人）的说唱文本。降边嘉措教授所撰写的序言提到，我的专著《桑珠说唱本》有两个显著特点，或者说有两个贡献：

第一，填补了一个空白。我一共撰写了45卷《桑珠说唱本》。它是一部完整的、系统的艺人说唱本。

第二，创造了一个记录。桑珠老人自己能说唱67部，实际录制了45部，是全国说唱艺人之中讲述最多的艺人，现在已经整理出版了43部，有近50万诗行。这是一个惊人的数字，不但在我们这里绝无仅有，在世界上也屈指可数。

问：次仁平措教授，您的作品确实为格萨尔研究作出了巨大的贡献！同时，据我们了解，这些说唱文本大部分都是藏文的，翻译成汉语的好像还很少。汉族的人民对这些故事也很感兴趣，您在这方面的工作有什么进展吗？

答：确实，现在这方面作品翻译成汉语的很少。这有多方面的因素，其中主要是翻译难度和翻译人才的问题。关于格萨尔王，有100多部完整的各自独立成书的故事。这些史诗是珍贵的非物质遗产，它包罗万象，涉及宗教、民俗、民间文学、军事、经济、医学等多个方面，可以说是研究藏族文化的百科全书。同时，作为文学作品，其语言艺术造诣也很高。因此要翻译这样的作品，首先翻译人员要精通藏汉两种语言，并且对上述领域的知识有一定的了解，还要有很高的文学修养。

现在我们也准备开始着手这项工作。如果2013年年底可以启动这个项目的话，我们就开始进行翻译工作，第一批22本作品将被翻译成汉语，可以供广大汉族同胞更好地了解格萨尔和藏族文化。

问：如果这项工作完成的话，相信会惠及更多的格萨尔爱好者和研究人员。我们知道，您还是西藏大学的教师，那您作为一名教师能不能简单介绍一下格萨尔的学科建设情况？

答：格萨尔的教学体系建设得比较完整，从大学本科到硕士形成了比较系统的教学体系。现在西藏大学也在申请格萨尔研究的博士学位点。据我了解，中国社会科学院和西北民族大学也有格萨尔研究中心。

这些机构和教育体系的形成与发展是一个好的苗头，预示着格萨尔的教育和传承能够更加科学化、体系化。

问：这些研究机构大致的研究工作是怎么样的？

答：研究工作大致可以分为文本的挖掘和宣传工作。我从1997年来到西藏自治区社会科学院，就一直从事格萨尔文化的抢救工作。到现在虽然已经取得了一些成绩，但是我认为西藏地区的中心工作仍然是抢救。其他一些省份的研究中心提出研究和抢救相结合，当然也是好的，还有的强调教学和学术交流。

问：现在在文本挖掘方面取得了哪些成绩？

答：格萨尔说唱是一种活的艺术形式，没有什么硬性规范，所以一直在发展中。20 世纪 90 年代学界保守的说法是有 120 部完整的故事文本，总计超过 2 000 万字。据西藏学者统计，现在一共有 226 部《格萨尔王传》。我们所做的文本挖掘工作也会一直持续下去。

问：我们还高兴地看到，格萨尔的传播范围甚广。不但受到国内学者和群众的喜爱，国际上也有不少国家和研究机构对此很感兴趣，您能就此简单介绍一下吗？

答：是的。《格萨尔王传》是世界上最长的史诗。早在苏联时期，苏联的一些专家学者就对西藏的格萨尔文化很感兴趣。现在也有不少国家的学者关注和研究格萨尔文化，比如法国、日本、荷兰等国家。我们的《格萨尔王传》也被翻译成八种不同的文字。另外，国际上的《格萨尔》国际学术讨论会，也大大地丰富了不同国家学者之间的交流，促进了格萨尔研究的专业化和国际化进程。

问：我们欣喜地看到西藏地区如今发展较快，在之前对西藏电台的访问中我们也了解到拉萨地区的现代化媒体使用情况良好。那您认为这些现代化媒体对格萨尔音乐传播有何影响？

答：这得从两方面来看了。这些现代化的媒介技术为文化传播提供了有利条件，甚至这些技术的发展对传播形式本身也造成了一定冲击，从而使得文化传播方式也发生了变化。过去的艺人看书看得少，大部分还是口头传递。但是现在，特别是年轻人，虽然都识字，可以通过这些媒体接触更多的讯息，但可能娱乐化信息占主要部分，反而更少地关注传统民族文化。就这点来说，格萨尔音乐的传统传播形态肯定是受到了一定程度冲击的。

问：现代科技手段在挖掘格萨尔新的文化资源，开辟新的艺术领域时，获得了哪些成果？

答：肯定是有很大帮助的。我们现在准备将艺人的说唱制作成录音，下一步要录制视频等。但是由于资金、技术等问题的限制，这个工作还要留待下一步再去打算。

问：我们了解到，之前有电视剧的题材就是《格萨尔王传》，这部电视剧播出之后反响很大，但褒贬不一。您赞同使用类似的方式来传播格萨尔音乐和文化吗？

答：我认为这是很好的传播方式。我们希望让更多的人知道《格萨尔王传》，扩大其影响范围，这需要不同的艺术表现形式和媒介。甚至可以采取动漫、舞台剧、小品等不同的表演形式来丰富格萨尔音乐和文化的艺术表现。

比如之前的成都文工团做舞台剧，题材也是表现格萨尔的。现在拉萨地区也有一些演出是这样的，也经常邀请我们（西藏自治区社会科学院的教授们）去看，我们都认为做得特别好。这样的艺术形式也打破了语言交流的壁垒，使更多不同文化背景的人可以领略到《格萨尔王传》的魅力。

问：您认为在非藏语地区，如何利用有效的传播形式使其他地区更好地接受格萨尔文化呢?

答：我认为不同的传播媒介都要有效地利用起来。出版行业可以完整地记录艺人的说唱文本，为以后的研究和传播提供一个范本。电子媒体，比如电影、电视、网络等，这些传播媒介迅速便利，形式多样，可以使格萨尔文化的传播呈现更多的艺术表现形式，更有利于不同文化背景的受众理解和接受。将这两种媒体有效地结合起来，能为格萨尔文化的研究和传播提供有益的传播模式。

问：在传播形态变迁的大背景下，传统艺人的表演传播形式是否也发生了一些变化呢?

答：是的。以前的传统老艺人一般在农村地区进行表演，条件比较艰苦，几个艺人在一起合作表演的形式也很少。现在城市的发展使不同艺人之间的合作表演变得更加简单方便，特别是现在的一些年轻民间艺人，他们不拘泥于传统的表演形式，可能不是完整地表演完一宗故事，而是截取其中的一段来表演，具有很大的灵活性，不用编排，表演随性。

问：在城市这样的环境之中，脱离了格萨尔音乐传统的生产环境，会不会对艺人的创作、灵感等产生不良的影响?

答：影响肯定是有的。但是这种影响是好是坏，我们还得持观望态度。有些学者提出比较尖锐的观点，认为这种影响肯定是不好的，这也不尽然。当然了，有些不成熟的艺人肯定会受到影响，因为他们的创作和表演形式还在发展之中。但是相对来说，一个成熟的艺人，他的创造思路和手法都比较稳定了，所以，对于他们，这种影响几乎可以忽略不计。毕竟艺人也要融入现代化的生活，或许他们接触新的信息、媒介和文化，能够让他们有更多的创新。

（作者均系暨南大学新闻与传播学院研究生）

格萨尔音乐传播形态浅析

杨伟龙（Yang Weilong）　刘　爽（Liu Shuang）

《格萨尔王传》是藏族人民宝贵的精神财富，也是中华民族乃至全世界共同的文化瑰宝。在这次调研中，我们欣喜地看到像斯塔多吉这样优秀的年轻艺人，投身于格萨尔文化的传播工作之中，用他的所学所知奉献更多更好的音乐作品；也有次仁平措教授这样的学者，治学严谨，抢救格萨尔说唱文本，记录珍贵的老格萨尔说唱艺人的说唱资料，推进对格萨尔文化的研究和教学工作，在国际学术界都取得了可喜的成绩。然而，现代媒介技术的发展以及城市化的推进，给格萨尔文化带来了不小的冲击。一方面，正如次仁平措教授所认为的，可以利用这些现代化的传播方式以及多样化的艺术表现形式，使格萨尔文化更迅速、便捷地传播到更广阔的空间，惠及更多格萨尔音乐爱好者。另一方面，迅捷的媒介技术也带来了大量娱乐讯息以及信息泡沫，城市化生活也大幅度地改变了格萨尔说唱艺人传统的生活、创作和表演形式。媒介的变化与发展正在深刻地影响着格萨尔说唱艺人，影响着古老而又年轻的格萨尔文化。

推而广之，纵观世界上其他地域的文明，也存在很多类似的现象与问题。文化人类学、社会学、音乐艺术学、民族学、传播学等人文社会学科的学者，都从各自的领域对这一问题进行了理论关怀。这种现代与原始、继承与发展、口传心授与数字传播的方式似乎也成为一种二元对立，古老的文化与现代的技术之间似乎始终横亘着这种悖论。

上述重大问题是本文探讨的重点，在全球化激荡的浪潮之下，媒介、社会和文化的相互交融与影响也确实值得媒介与传播学学者去关注和研究。落实到我们的研究对象——《格萨尔王传》上，近年来它已经获得了不少的关注和重视，却鲜有从媒介与传播学角度对其进行研究的。对此，本文无法高屋建瓴地进行系统梳理，只作一个简单的尝试，尝试从传播学的视角出发，对《格萨尔王传》的历史及其现状的传播形态作一个梳理，同时也会简单论及媒介技术与格萨尔文化之间的关系。

一、传统传播形态

作为目前所知世界上最长的说唱史诗和至今流传的唯一活的史诗，《格萨尔王传》的传播实际上也是藏族历史和文化的传播，格萨尔音乐则是这种历史文化传承的特殊载体。《格萨尔王传》的传播有着与众不同的特点，在过去，《格萨尔王传》主要有两种传播形态，即口头传播和文本传播。

（一）口头传播

口头传播即说唱艺人的说唱，说唱艺人是其传播主体，艺人的说与唱，让史诗具有了音乐的特性。说唱艺人在长期的传播过程中，为了更大限度地吸引听众，突破讲说文学的单调性，想方设法地以更好的形式完成自己的创作，因此逐步借鉴了歌唱形式，在讲故事的过程中穿插歌唱表演。

用说唱结合的形式来传播史诗，这是由音乐自身的抒情性功能所决定的。王兴先教授在他的专著《〈格萨尔〉论要》中指出："《格萨尔》歌诗的音乐性，主要表现是由于歌诗本身运用了大量的重叠句、对偶句和排比句，具有和谐的音律，易于咏叹，富于音乐性，令人闻声而生快，听音而感美。"①

（二）文本传播

文本传播主要靠手抄本。《格萨尔王传》产生于古代藏族氏族社会开始瓦解、奴隶制国家政权逐渐形成的时期，即公元前二三百年至公元六世纪之间，吐蕃王朝建立之后（7 世纪初叶至 9 世纪）得到进一步发展，在吐蕃王朝崩溃、藏族社会处于大动荡、大变革时期，也就是藏族社会由奴隶制向封建农奴制过渡的历史时期（10 世纪至 12 世纪初叶）得到广泛流传并日臻完善和成熟。在 11 世纪前后，随着佛教在藏族地区的复兴，藏族僧侣开始介入《格萨尔王传》的编纂、收藏和传播。史诗《格萨尔王传》的基本框架开始形成，并出现了最早的手抄本。《格萨尔王传》在口头说唱中，艺人数量有增有减，因而内容不十分固定。有人将史诗说唱内容记录整理成书，甚至刻成木版印刷，这就使

---

① 王兴先.《格萨尔》论要[M]. 兰州：甘肃民族出版社，2002.

许多名篇逐渐形成固定或半固定的书面文学。手抄本对史诗的保存起到了重要作用。

二、现代传播形态

新中国成立以后，国家加强了对《格萨尔王传》的整理抢救工作，从目前搜集整理的资料看，《格萨尔王传》共有120多部，100多万诗行，2 000多万字。就数量来讲，《格萨尔王传》比世界上著名的五大史诗的总和还要多。迄今发现的藏文版本，已达50多部。

然而，随着人类社会的快速发展，多元化的文化正渗透进社会各个领域。传统文化与现代文化，形成一种相互排斥、相互融合、相互转化的态势。在现代文化的冲击下，优秀民族传统文化的继承和发展也面临着一些新的问题。《格萨尔王传》作为优秀的民族传统文化，在世界经济全球化、信息网络化的今天，想要适应变化了的形势，以全新的姿态展现自身所具有的独特风采，仅靠古老的传播方式是远远不够的，必须要有新的传播手段、传播理念的介入，这也是我们须讨论的主要的问题。

在新环境的冲击下，《格萨尔王传》最明显的变化发生在口头和文本传播两方面。口头传播上，说唱艺人的数量远远少于过去，而且现有的说唱艺人无须到处流浪说唱格萨尔的故事，他们的地位提高了，这就可能影响到他们说唱的积极性和灵感；在文本传播方面，随着格萨尔书刊的大量发行，以及群众文化素质的提高，百姓可以通过看书了解《格萨尔王传》的故事情节，相对于旧时群众很难听到艺人说唱，多样化的选择让群众对格萨尔需求有所淡化。因此，在新环境下如何更好地传播格萨尔音乐，弘扬民族文化，成为我们不得不考虑的问题。

根据我们此次的调查、访谈与文献整理，在新的媒介环境和社会环境下，从传播者的角度划分，《格萨尔王传》的传播目前主要有以下几种方式：

（一）说唱艺人的传播

《格萨尔王传》流传至今已有近千年的历史，民间说唱艺人是其主要传播者，也是史诗的直接创作者和继承者。《格萨尔王传》与其他史诗不一样，其说唱艺人并非口耳相传，也没有师徒传唱的形式。格萨尔说唱艺人根据情况可以分为七种类型：①托梦艺人，也叫神授艺人，指通过做梦学会说唱的艺人。这类艺人会在某天做关于格萨尔王的梦，醒来后便神奇地会说唱了，如我们采访到的斯塔多吉。他们是史诗的创作者、传播最主要的生力军，是最具有神秘色彩的格萨尔说唱艺人。②顿悟艺人，是指在某一时期忽然醒悟后便能说唱史诗故事的艺人。这类艺人一般只能说唱几部，而且只维持很短的时间，这类艺人具有短暂性和易逝性。③闻知艺人，是指听别人说唱之后学会的艺人，他们是史诗传播最直接的受益者。④吟诵艺人，能看着本子说唱，嗓音条件比较好的艺人。⑤藏宝艺人，即心里藏着《格萨尔王传》的故事，能将故事挖掘出来的艺人。⑥圆光艺人，指对着铜镜说唱的艺人。据说这类艺人能从铜镜中看到《格萨尔王传》的全部活动，他只是把铜镜中显现的场面讲述出来给大家听。⑦掘藏艺人，是指挖掘、发现、整理《格萨尔王传》故事的人。[①] 目前我国有上百位格萨尔说唱艺人，《格萨尔王传》的篇幅还在不断地扩展和增加。

从前，格萨尔说唱艺人的流浪生活决定了其说唱范围的广泛性，多数艺人把说唱作为一种谋生手段，到高僧的法会场、牧民的帐篷边、农户的木门前、节日的欢聚处等，走遍雪山草地向群众说唱《格萨尔王传》。现在，说唱艺人无须到处游走吟唱，但他们仍是史诗的主要传播者。如上面提到的托梦艺人、顿悟艺人、藏宝艺人和圆光艺人是史诗最直接、最原始的创作者。其中的托梦艺人和顿悟艺人都能说唱史诗故事，所以真正的格萨尔音乐、最有价值的原创音乐是出自他们之口。而掘藏艺人从事挖掘、抄录、编撰和刻印《格萨尔王传》故事的工作，对格萨尔的文本流传作出了重要贡献。

（二）宗教寺庙僧侣的传播

在史诗《格萨尔王传》的流传过程中，藏传佛教寺院和僧侣发挥了收藏、传唱、撰写、研究、收集格萨尔文物等重要作用。青海省玉树藏族自治州囊谦县的达那寺，青海果洛藏族自治州的查郎寺、龙恩寺，四川甘孜藏族自治州德格县的吉苏亚寺等重要藏传佛教寺院，或收藏《格萨尔王传》版本，或收集格萨尔文物，或建立格萨尔的纪念殿堂，或将史诗作为一门重要的学科来

---

① 李晓玲. 藏族史诗《格萨尔》音乐研究[D]. 西北民族大学硕士学位论文，2005.

研究，形成了传播、保护和研究《格萨尔王传》的优良传统。①而上层人士和僧人对史诗的认同和理解为其发展提供了良好的条件，进一步扩大了其传播范围。因为传说格萨尔是莲花生大师的转世，而莲花生大师是藏传佛教宁玛派的创始人，所以宁玛派僧侣积极传播《格萨尔王传》，以至于凡是有宁玛教派的地方，就是格萨尔的传播之地。

（三）大众传媒的传播

大众传媒介入《格萨尔王传》的传播是随着媒体的发展和国家对格萨尔研究的重视而开始的，在新媒体如此发达的今天，大众传媒对《格萨尔王传》的传播也起到了重要的作用。早在1987年，青海电视台就拍过一部18集的《格萨尔王》，虽然学界对此褒贬不一，但其是用新手段传播《格萨尔王传》的有益尝试；另外，书籍等大众出版物、电影、电视剧、情景剧、漫画、新闻等传播手段，既丰富了《格萨尔王传》的表现形式，也对《格萨尔王传》的传播产生了重要的促进作用。

（四）大学教育和研究机构的传播

新中国成立以后，党和国家非常重视格萨尔的搜集整理出版工作。经过几十年，特别是近十年的艰苦奋斗和不懈努力，我国已形成了一支有几个民族成分，包括说唱、搜集、整理、翻译、出版、学术研究在内的老、中、青三结合的科研队伍。② 人员素质有较大提高，撰写发表了许多具有一定学术水准的论著和调查报告。搜集到极为珍贵的资料，为深入研究《格萨尔王传》奠定了坚实的基础。在此基础上，学术活动不断增多，不仅组织了各种形式的艺人演唱会和学术研讨会，还举办了多次国际学术讨论会。一个具有中国特色的“格萨尔学”的学科体系已具雏形，并不断发展。

当然，面对新环境、新媒体的冲击，《格萨尔王传》的传承也面临着严峻挑战。首先是说唱艺人的减少，这直接导致了很多诗词的流失；其次由于娱乐性大众文化的逐步发展，群众文化生活水平的逐步提高改变着青年人的审美观和价值观，传统的

---

① 丹曲. 论藏传佛教寺院在传播《格萨尔》中的作用——达那寺及其格萨尔文物馆藏[J]. 西藏研究，2005（2）.

② 诺布旺丹博士谈《格萨尔》的传承与保护[EB/OL]. http://xz.people.com.cn/GB/139893/9570202.html.

《格萨尔王传》也受到冲击。据调查，目前农村牧区的多数年轻人不喜爱听《格萨尔王传》，《格萨尔王传》需要寻求新的艺术生命力和传播方式，在变化中求其恒常，在发展中求其延续和发扬。我们采访的西藏社会科学院民族研究所的次仁平措教授，也大力支持《格萨尔王传》传播形式和表现手法的多样化。至于如何利用各种现代科技手段，寻求新的艺术生命力，使古老的藏族民间文学巨著得到更多人的接受和理解，这是《格萨尔王传》研究领域里的一个重要课题。

（作者均系暨南大学新闻与传播学院研究生）

藏文书法的源流与危机

■伍中梅（Wu Zhongmei） 陈律言（Chen Lüyan）
王新林（Wang XinLin） 徐 燕（Xu Yan）
刘思雯（Liu Siwen） 陈 芳（Chen Fang）

在拉萨的最后一天，我们拜访了西藏大学文学院的小侠达瓦老师，向他请教藏文书法的相关情况。四十出头的小侠达瓦，鼻梁上架一副银色细边眼镜，一件黑色休闲外套里衬一件灰色格纹套头线衣，坐在茶色办公桌对面，说起藏文书法时，立即神采飞扬，两眼放光。小侠达瓦是西藏大学公认的藏文书法高手，写得一手漂亮的藏文字。他说自己 1976 年开始上小学，从那时起就开始练习藏文书法，至今已经写了三十多个年头。

小侠达瓦（王新林/摄）

小侠达瓦的父亲是一个地道的农民，同样写得一手好看的藏文字。回忆小时候练习书法，小侠达瓦说："当时我父亲的字是一种风格，老师的字是一种风格，我按照老师的风格写，父亲训我，按照父亲的风格写，老师训我。慢慢地我就把两者融合起来了，双方都能对付，最后竟然自成一派了。”而那个时候，他还不过是个年仅十岁的毛头小子。

在藏地，人们历来重视书法艺术。与小侠达瓦一样，孩童们入学之初都需要花时间努力练习书法，打好书法功底。进入寺庙学习的小和尚，也个个需要从书法练起。只有练得一手好看的藏文字，才能心安理得地抄写经书。一支高原箭竹削制而成的竹笔，一块桐子油抹过的习字板，习字板上几条等距线划定的方寸之地，就是高原孩子与文字打交道最初的试验场。高原人对书写艺术的重视，并非与生俱来，而是有着漫长的历史肇因。但是随着新时期书写工具的更新换代和新兴传播工具的登场亮相，这种传统的书写艺术正日益受到威胁。

一、藏文书法从无到有

在拉萨市北郊娘热乡风情民俗园内有个藏文书法博物馆，馆内收藏着一批古藏文和现代藏文书法作品，博物馆的展品、文字介绍和工作人员的解说，很好地呈现了藏文书法发展的历史。藏文书法是依附藏文字而出现的。据原自治区编译局局长次仁曲杰介绍，藏文字大约有四千年历史，苯教的典籍显示，最早的藏文字被称为“达斯邦益”。在模仿达斯邦益的基础上，雍仲苯教创始人丹巴辛绕创制了简单的玛尔文。

苯教是佛教传入西藏之前藏族人民信奉的一种原始宗教，崇奉天地、山水等自然之物，注重祭祀、跳神、占卜等巫术活动。当丹巴辛绕从象雄到各蕃地传教时，他已经有了系统的理论和相应的教规，但这一时期的原始苯教却还不成熟。丹巴辛绕于是在改革原始苯教的基础上融入自己的教法，建立起了雍仲苯教，使苯教得以统一。丹巴辛绕出生在今西藏阿里的札达县境内，是古象雄国的王子。因此，他创制的玛尔文同时也被称作象雄文。①

丹巴辛绕其时，西藏高原已经进入奴隶社会，十二小邦中象雄是政治、经济及文化实力最强的一个。随着雍仲苯教的流传，玛尔文也从象雄传播到各小邦。那时已经有了书法艺术，并产生了艺术流派。②

---

① 康·格桑益希．“苯教”——藏族传统文化的源头[J]．四川大学学报（哲学社会科学版），2003（5）．

② 达瓦次仁．藏文书法的起源和流派[J]．中国西藏（中文版），1996（1）．

但这一时期玛尔文和玛尔文书法的发展状况已经难以考证。因此，我们现在谈论的藏文和藏文书法，一般是指7世纪松赞干布统一西藏后创立的藏文，以及随之诞生的藏文书法。

7世纪时，松赞干布兼并十余个部落，统一西藏高原，建立吐蕃王朝。在松赞干布的治理下，吐蕃经济一天比一天发达，实力一天比一天雄厚。但是有一个问题让他很苦恼，那就是吐蕃当时有文字，但没有统一的文字，没有办法发布政令、书写法律和翻译佛经，也没有办法和周边邻近的邦国进行书信往来。为此，松赞干布派遣文臣吞弥·桑布扎带领16名藏族青年远赴印度学习文字。

吞弥·桑布扎到印度后，找到了精通声明和文字学的大师婆罗门李敬，从李敬处学会了梵文、乌尔都文等南亚文字，又学习了文字的创制方法，最后带着宝云经、宝箧经、大悲莲花经等经书佛典回到吐蕃。回藏后，他以业已存在的玛尔文为蓝本，参照梵文体系，改造、整理和规范出了4个元音字母和30个辅音字母，创制成沿用至今的藏文。吞弥·桑布扎还把创制好的藏文字母用两种字体分别书写在周围的岩石上，形成了藏文书法最通用的两大书体——乌金体（楷书）和乌梅体（行书）。①

吞弥·桑布扎（网络图片）

① 黄维忠．藏文的创制和发展［EB/OL］．http：//news. xinhuanet. com/politics/2008-04/09/content_7948305. htm.

吞弥·桑布扎创制的新藏文经过松赞干布的大力推广，逐渐成为高原上通用的文字。藏文书法作为一种实用工具和艺术形式开始逐步发展壮大。在吐蕃王朝统治的两百多年时间里，先后出现了八大乌金体。吞弥·桑布扎创制的乌金体，形如草坪上一只伸开四肢的黑色蟾蜍，因而被称作“蟾蜍体”。其后陆续衍生出了字母形状类似方砖的列砖体，形状类似雄鸡的雄鸡体，形状如同青稞粒撒在古色毡子上的稞体，每行文字都像一串珍珠的串珠体，字形有如蜣螂的蜣螂体，字形好似鱼儿跃出水面的鱼跃体，以及字形状如腾跃雄狮的腾狮体。[①] 小侠达瓦从小练习的就是乌金大类下的字体。

二、书法与佛教共兴

藏文书法虽然出自统治者的统治需要，但其真正发展壮大却与佛教在西藏的传布有着密不可分的联系。据小侠达瓦介绍，过去的藏文书法大家大多数是抄经书抄出来的，所以好的字体都在经书里面，好比好的汉字都在魏碑上一样。佛教经文成为书法艺术的摇篮，有其历史渊源。

松赞干布时期，佛教开始由印度和中原传入西藏，吐蕃王室发现佛教所主张的偶像崇拜和神权至上对于巩固新建立的吐蕃政权十分有利，于是大力倡导佛教。松赞干布在迎娶大唐文成公主和尼泊尔尺尊公主时，还分别请来了释迦牟尼12岁和8岁两尊等身佛像，并为供奉这两尊佛像修建了大、小昭寺。迎佛建寺之外，吐蕃王朝兴佛最重要的举动就是翻译佛经。

7世纪中叶，新藏文创制出来以后，吐蕃已有能力和条件从事佛经翻译工作，小规模的译经活动开始出现。此后，随着统治者对佛教越来越重视，译经规模也越来越大。如果把7世纪中叶藏文字创立后小规模的译经活动看作佛经翻译事业的起点，把14世纪中叶贡嘎多吉编纂《甘珠尔》、仁钦珠编纂《丹珠尔》作为佛经翻译事业的结束，那么藏族历史上大规模的译经活动前后共延续了七八百年之久。通过以藏族为主体的各族译师的共同努力，前后共有四千多种佛教经论被翻译成藏文。几百年佛经翻译事业中，记录传抄经文甚至成为一种职业。而记录和传抄这一过程本身，极大地促进了藏文书法字体的演变以及书法技艺的

---

① 达瓦次仁．藏文书法的起源和流派[J]．中国西藏（中文版），1996（1）.

成熟。①

首先是“经体书法”应运而生。在记录抄写经文的过程中，抄经人出于对经文的尊重，一般都会十分讲求字体的庄重典雅、工整严谨，因而产生了一批专门用于抄写经文的书体。依据史料记载，吐蕃第三十五代赞普赤松德赞时期（742—797）大兴佛事，佛教经文中因而出现了独特的密文体、伏藏体、幻妙体等专用于书写密宗或伏藏的书体。② 但佛教的发展并非一帆风顺，书法艺术亦随之起起伏伏。其中，书法与佛教共同经历了一次劫难——朗达玛灭佛。

经书（网络图片）

到公元9世纪初，吐蕃的另一位赞普赤热巴巾继续兴佛，招致了当时崇奉苯教的贵族权臣的嫉恨。在权力斗争中，赤热巴巾身边信仰佛教的官员被一一除掉，赤热巴巾自己也被灌醉缢亡。838年，贵族权臣拥护赤热巴巾的弟弟朗达玛为藏王。朗达玛在位的5年（838—842），大肆灭佛，佛像被埋，经典被焚，寺庙遭破坏，传佛大师外逃，僧人被迫还俗，西藏境内的佛教几乎全被破坏殆尽。西藏史学家称这次佛门浩劫为“朗达玛灭佛”，并把从松赞干布弘扬佛教到朗达玛灭佛的这二百年，称

① 纵瑞彬．藏传佛教与藏文书法[J]．西藏艺术研究，2001（1）．

② 达瓦次仁．藏文书法简史[EB/OL]．http：//www.mzb.com.cn/html/report/205128-1.htm.

为西藏佛教发展史上的“前弘期”。①

朗达玛灭佛后，西藏长期处于内乱分裂的状态，佛教事业凋零，大量从事译经、写经的人士也散落天涯，书法艺术进入一个几近停滞的时期。直到978年，西藏进入封建经济发展时期，新兴的封建主再度兴佛，书法艺术才又开始抬头。1270年，萨迦法王八思巴·罗卓坚赞被元朝忽必烈尊之为“帝师”。八思巴在元朝的支持下统一全藏，结束了长期分裂的局面，开始了西藏政教合一的统治，弘佛之势再次如火如荼，书法亦随之大放光彩。藏史学家把这个时期称作佛教的“后弘期”。②

佛教的前弘期，出现了八大乌金体，以及专门针对佛经的密文体、伏藏体、幻妙体等书法字体。前弘期至后弘期之间，由于灭佛，佛教事业暗淡，只衍生出一种帕萨体。到后弘期，随着编译、誊录经卷的活动再度活跃，藏文书法艺术、制墨工艺和造纸技术都得到极大的提高。后弘期由于佛教已分裂为宁玛派、噶当派、萨迦派、噶举派以及格鲁派等多个教派，各个教派为突出自身的独特之处，在抄写经文上都会刻意求新求异，因而在很大程度上丰富了藏文书法的种类。专门用于书写经卷的乌梅体——白徂体，就产生于这一时期。基于刻板经书的需要，从乌金体分化而来的琼体、尼体和康区体也相继出现。琼体后来成为金汁写佛经，尤其是《甘珠尔》、《丹珠尔》最主要、最庄重的书体，书艺尤其精美好看。后弘期书法艺术繁荣的另一个显著例证是多种书家体的出现，觉罗体、恰罗体、贵罗体、多丹体、央丹体、仁布体、美妙体、八思巴体等，都是后弘期以来历代大译师、学者或书法家创新的藏文书法字体。③

佛教的兴盛不仅丰富了藏文书法的字体，而且由于佛教成为普遍信仰，民间的抄经、刻经、挂经幡、堆玛尼石堆等与藏文书法相关的活动渐成民俗，因而增强了人们学习藏文书法的动力。民间的书法高手越来越多，练习书法逐渐成为一种祖祖辈辈延续的传统。藏文书法的繁荣，很难说是基于书法艺术本身的发展规律而形成的，它在更大程度上是依附于佛教事业而兴盛起来的。

西藏大学书法协会会长扎西次仁也说，藏文书法与佛教水乳

---

① 张世辉．佛教的“前弘期”与“后弘期”[EB/OL]. http://zt. tibet. cn/zongjiao/zongj2002415143153. htm.

② 纵瑞彬．藏传佛教与藏文书法[J]．西藏艺术研究，2001（1）.

③ 达瓦次仁．藏文书法简史[EB/OL]. http://www. mzb. com. cn/html/report/205128-1. htm.

交融。即便是现在，藏文书法应用的地方也还是与佛教相关，抄经、刻经仍是藏族人生活的一部分，人们挂写满文字的经幡、堆刻画文字的玛尼石堆的热情依旧不减当年。

三、字母文的写作技巧

藏文除因写经而衍化出不少字体以外，基于政治传播的需要，也产生了不少其他字体。萨迦王朝时期就产生了用于发布政令的弯腿朱匝体，甘丹颇章时期，政令文进而衍化为长腿朱匝体。19世纪末和20世纪初，娟秀工整的短腿朱匝体成为西藏地方政府发布政令的官方书体。20世纪至今，乌金和乌梅两大书体衍生的酋体和酋钦体逐渐成为最实用、书写最快捷的书体。①

扎西次仁说，学校展览馆里的书法作品字体多达上百种，现在的藏族同学一般只会写四五种。但这已属不易，因为藏文是自左向右横写的结构形态比较复杂的拼音文字，比起同为字母文字的英文来，每个字的结构都要复杂得多，写作时很考验耐心。

藏文每个音节都有一个基字，确定该音节的中心辅音，基字上方或下方可以加元音附标表示不同的元音。基字上方有时有一个上加字，下方有时有一到两个下加字，前边有时有一个前加字，表示该音节的声母是复辅音。基字后边有时有一到两个后加字，表示该音节有一到两个辅音韵尾。写作时，以基字为中心，五个前加字一定要写在前边，十个后加字写在后边，三个上加字写在它的上边，四个下加字写在它的下边，两个又后加字写在后加字的后边。书写顺序是依基字的前加、后加、再后加的次序逐步进行的，因而写作起来是比较复杂的。

例字（网络图片）

① 达瓦次仁．藏文书法的起源和流派[J]．中国西藏（中文版），1996（1）．

和汉字书法学习的程序一样，初学藏文书法，要从楷书入手。学习楷书的步骤是，先将 30 个字母写稳定后，再练习写 5 个反体字母和 4 个元音符号，最后学写前后上下的加字。如此循序渐进，直到每个字、每一行以至通篇都写得工整熟练了，即达到了楷书书写要求之后，才可以学写行草。[①] 但写作藏文书法的姿势不同于汉文。汉文写作时一般要求挺胸端坐，两足着地，纸张铺桌，悬肘进行。藏文书法写作时则是盘足端坐，把纸夹于左手食指和小指之间，右手拇指和食指握住距竹笔笔尖一寸左右的位置，掌心中空到能够容纳一个鸽蛋的空间后进行书写。书写的方向是从左至右，书写格式有严格的规定，什么情况下使用什么样的字体都有讲究。[②]

在小侠达瓦老师的办公室里，他为我们演示了藏文书法的书写。整个过程中，不管沾墨还是运笔，他都小心翼翼，一笔一画极尽心力。阳光从窗外照进来，打在静心写字的他身上，有种安宁祥和之感。我们等待了好几分钟，他才写好一个同行队友的名字。

四、书写工具更新换代

藏文属于拼音文字，是通过字母线条来表现的艺术。藏文的线条能方能圆，能曲能直，变化多端，充满生气。虽然历代书法家一直在为探索更合适的线条而努力改进书写工具，但至少近百年来，藏文书法一直坚持使用着一套相对固定的书写工具。

藏文书法与汉文书法的另一不同之处，在于藏文书法是硬笔书法。藏文书法以细竹筒削制而成的竹笔为书写工具。用于写书法的竹笔一般分为圆竹笔和三棱竹笔，不论是哪一种都是选用质地坚韧的竹子风干或烘烤后削制而成的。竹笔一般长 13 厘米、宽 1 厘米，笔尖削成鸭嘴状，笔尖正中划有一条蓄墨的细缝。[③] 削竹笔的技术代代相传，延续至今，即便是今天不怎么写书法的学生，也多少了解这门技术。在百度贴吧里，网友泽旺曲扎甚至专门开了一个帖子，图文并茂地教授大家制作竹笔的方法和技巧。

---

① 剧艳光．藏文书法艺术[EB/OL]．http：//www. mzb. com. cn/html/Home/node/198799-1. htm.

② 剧艳光．藏文书法艺术[EB/OL]．http：//www. mzb. com. cn/html/Home/node/198799-1. htm.

③ 杨承丕．藏文书法与文房四宝[J]．西藏研究，1985（1）.

竹笔（网络图片）

竹笔书写藏文的这一特点，要求初学藏文书法者在较长的时间内应用习字板练字，以打好书写功底。习字板表面粗糙，坚固耐磨，在习字板上练好后，再在纸上书写，这也是节约用纸的一种方式。旧时在习字板上练习书法分为两个阶段，第一个阶段即所谓的“干写”，也就是在木板上铺一层薄灰，在上面照字仿写。等到有了一定进步后，薄灰换成一种以青稞作为原料磨制而成的淡黄色糊状物，当墨汁用，继续仿写，这个阶段被称作“水写”。[①] 据小侠达瓦老师回忆，他小时候，也就是20世纪70年代中期到80年代初，几乎每个小孩都有一块长方形的习字板。大家就拿着竹笔，也没有墨，在习字板上干练，练习手腕的灵活度或者转笔，十分见效。

① 杨承丕．藏文书法与文房四宝[J]．西藏研究，1985（1）．

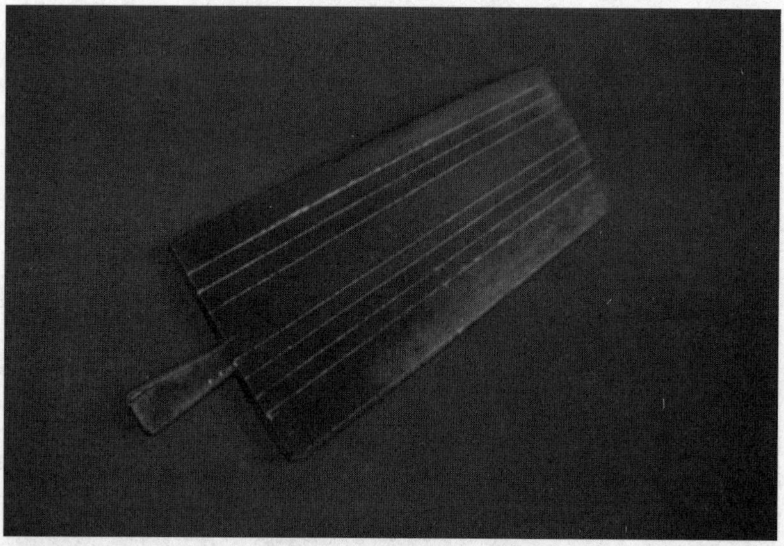

习字板（网络图片）

现如今，藏区的孩子几乎都不再用习字板了，有些偏远的农村地方或许还有，但是在城市几乎没人使用了。小侠达瓦老师对习字板情有独钟，瞧不上现在所谓的跨越式发展，认为“有些东西搞跨越式可以，但是有些东西搞跨越式那是不行的”。具体到书法写作，他觉得现有的书法习得方法打破了传统的、基础而复杂的学习规律，在学会走步之前就开始跑，是行不通的。与习字板一起逐渐被淡忘的还有竹笔，以及它们所附生的藏文书法艺术本身。

在泽旺曲扎的帖子下，网友“冷静的粗心”回忆，上一年级的时候曾用过竹笔，到了三年级就用钢笔了，因为“你看过哪个学生在三年级的时候还用竹笔”？钢笔和圆珠笔的普及，在大规模取代竹笔地位的同时，也在某种程度上消解了书法艺术本身的魅力。

旧时高原写书法用的墨汁，有的是靠收集酥油灯燃尽过后的灯花而制成的，有的则是将柳树枝放进银制的制碳笔筒内煅烧，冷却后得到，以上材料都来之不易。写书法用的纸，一般就地取材用狼毒草制作而成，做工也相当复杂。① 由于用墨用纸不方便，才催生了高原人普遍使用的习字板。如今，墨汁和纸张由内地运来，已经不再是什么稀缺之物。但钢笔取代竹笔，习字板退出历史舞台的现实却表明，练习藏文书法的传统环境正在逐渐消失。

---

① 杨承丕．藏文书法与文房四宝[J]．西藏研究，1985（1）．

五、写字手艺日薄西山

西藏大学文学院传播系主任达瓦次仁老师也是藏文书法的爱好者，但他更乐意推崇其他老师的书法技艺。我们谈起藏文书法时，他立刻热情地表示要领我们去参观学校公认的书法第一人——嘎玛赤列老师的作品。

嘎玛赤列退休前是西藏大学文学院藏文系教师，教授西藏历史和文学。从2002年至2005年，他花了3年课余时间创作了一幅宽48厘米、长130多米的大型藏文书法长卷。在这幅长卷中，他用“聚吾钦软”、簇通体、簇仁体、珠匝体、毕促体、草书体、美术新体和吾钦新体八种藏文字体，敬录了藏文文法《三十颂》和著名的《萨迦格言》。其中的美术新体是他自己的创造，吾钦新体是他对传统书写方式的改革。这幅长卷因字体最多和规格最大而荣获了2005年的上海“大世界基尼斯之最”。

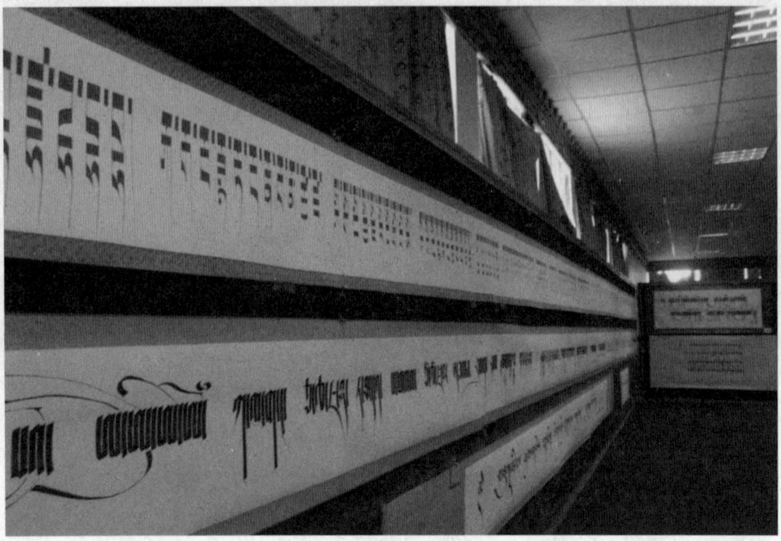

长卷（王新林/摄）

达瓦次仁老师带领我们来到西藏大学图书馆3楼西边的展厅，在这里我们见到了这幅作品。长卷沿着展厅南墙，从左至右铺开，非常壮观。除了这幅长卷，展厅内还陈列了许多嘎玛赤列的其他优秀作品，满墙大小各异的卷轴上花朵绽放般的美术新体、如撒落一地青稞的稞体、规整肃穆的列砖体……藏文字体大家庭中的许多成员，赶集似地出现在视线中，令人震撼。但这个展厅其实鲜少开放，学生似乎对此也没有多大兴趣。采访中所有人都在谈论与担忧一个问题：现在能写一手好字的人越来越少了，书写这门艺术正在逐渐被边缘化。

站在拉萨街头，一望便知，尽管地处偏远高原，这座城市却早已卷入信息化的大潮。在人手一部手机，电脑成为基础的学习、办公用品的时代，书写艺术的衰落成为必然。手机屏幕、电脑键盘成功取代尖刀削制的竹笔，写字是否好看已经不再那么重要了。藏文书法上千年历史沉淀出的几百种字体，现在的人能写的已经不多，将来能写的必定更少。对于这一现实，小侠达瓦老师感到痛心疾首。为此，他执拗地坚持上课不用PPT，而是自己写板书。“我可以写一手好字，为什么要用那个？”他坚信一条，老师字写得漂亮，学生会受到潜移默化的影响，会喜欢练老师的字。“现在老师都不写字了，学生还练什么？”

早前，微软自带的喜马拉雅藏文输入法含有三种字体；现在，方正的藏文系统内，字体增加到了七种，白体、黑体、标题黑、新白体、新黑体、竹体及美术体，大家可以自由选择，各取所需。对此，小侠达瓦老师有些愤然。“现在都不用练字了，电脑里面都有。但是我觉得这不是一个电脑里有没有的问题，而是一个文明传承的问题。”大趋势面前，他没有力挽狂澜的能力，但还是试图以自己的努力捍卫书法“应有的地位”。为此，他在教研会上提意见，希望学校为这些“写字差得要命”的学生开设必修的书法课程。“特别是那些师范生，你们毕业出去，自己这个都不会写，怎么教别人？”他觉得其他学生不教或许关系不大，但师范生不教不行，“你到一些偏僻的牧区去，那儿有电脑吗？没有吧。那你们不把字写好怎么行？”

学生们似乎不这么看，与其花时间学写藏文书法，他们更愿意学习汉语或英语。这是一种实用主义的考虑，因为熟练的汉语和英语更可能带来一份好工作。所幸的是，并非所有人都失去了对藏文书法的热情，事实上，这样的人总会存在。扎西次仁就是一个，同为藏大书法协会负责人的旦增聪美也是一个。他们单纯因为喜欢藏文书法而聚在一起，并努力“经营”着一个60多人的社团。

谈及藏文书法的推广，扎西次仁说：“这不可能，这必须要上面的人支持我们，上面也用力下面也用力才行。”单靠只有几十个学生的社团是很难做好的。但现实是，他们每年只有一次举办书法大赛的机会，不管是学院还是学校，都似乎对放手让他们办活动缺乏热情。

在小侠达瓦看来，藏文书法不需要推广，需要的只是传承。只要按照传统的那种模式，从小学、中学到大学，加强书法课程的学习，培养学生练习书法的兴趣，这手艺就丢不了。“我是我的父亲和我的老师训出来的。当时没有说要练成书法家什么的，我是要完成作业，我是被训出来的。”

藏文书法从产生至今，历经上千年历史，它不仅是一门单纯的艺术形式，也是藏民族历史最风姿绰约的记录者。但千百年来高原人民自小练习书法的传统，作为一种共同的民族记忆，无疑正在消解。事实上，在一个学习、工作和生活都极大依赖电子工具、动动手指就能轻松搞定所有文字问题的时代，写字这门手艺的衰落，不仅是藏文书法的困境，也是汉文书法在内所有书法艺术共同的困境。正如小侠达瓦所言，我们改变不了历史趋势，但还是需要坚守和回望，以便在技术与艺术之间寻找一种更好的平衡。

（作者均系暨南大学新闻与传播学院研究生）

映像拉萨

行走——调研拉萨
见闻——感受拉萨
我们——拉萨影像
行程——调研拉萨

暨大新传研究生拉萨调研记录 · 2013

从广州到拉萨，我们一路向西，接近4 000多公里的路程

当我们到达拉萨时，迎接我们的是蓝天以及稀薄却纯净的空气

这是一座平均海拔3 650米的城市，阳光灿烂

这里有雄伟的布达拉宫，有美丽的拉萨河

从拉萨出发，我们还到达了林芝以及羊卓雍错

我们在这片美丽又神奇的土地上开展一次“高海拔”的调研

行走圣地

Exploring the Sacred Land

暨南大学新闻与传播学院
School of Journalism and Communication, Jinan University
暨南大学舆情与社会管理研究中心
Institute for Public Opinion and Social Administration, Jinan University

行程 · 调研拉萨

2013.10.28

出发。从广州到重庆

2013.10.29

抵达。从重庆到拉萨

2013.10.31

青年组与西藏大学联系协商调研事宜

市民组在拉萨街头随机发放问卷

媒介组到西藏人民广播电台对电台副台长张云华进行专访

2013.11.01

青年组在西藏大学团委组织配合下定点发放问卷180份

市民组在西藏大学发放问卷120余份

媒介组在西藏人民广播电台发放问卷120份

2013.11.02

青年组在西藏大学随机发放问卷70份

市民组在警务站、银行大厅等地发放问卷100余份

媒介组对藏族音乐爱好者洛桑晋美进行访谈

2013.11.03

青年组成员分别对10名西藏大学的汉族学生进行了深度访谈

市民组在拉萨市人民医院发放问卷近30份

媒介组专访藏族格萨尔说唱艺人斯塔多吉

2013.11.04

青年组对藏文书法家小侠达瓦进行专访

并在达瓦次仁老师陪同下参观了吉尼斯世界纪录获得者嘎玛赤列藏文书法展

市民组在冲赛康社区居委会的配合下发放问卷20余份

媒介组前往拉萨市郊的西藏人民广播电台新媒体中心进行采访

2013.11.06

青年组电话采访藏文书法家嘎玛赤列

市民组通过“扫街”的方式，在商店、诊所、行人中发放问卷近80份

媒介组就仓央嘉措的选题对藏族学生进行采访

2013.11.07

返程。从拉萨到广州，55个小时，穿越青藏线

专稿

我的拉萨记忆

周德仓（Zhou Decang）

拉萨是一个具有鲜明文化符号、充满传说的城市。

一、西藏大学（1994—1995）：与拉萨的“初恋”

1994 年 8 月，我的进藏处女作启动；从位于陕西咸阳市的西藏民族学院来到坐落在拉萨的西藏大学任教一年。

西藏大学是西藏自治区内的最高学府。因为有藏语文教学，故在内地一般称为“中文系”的院系，这里叫作“语文系”。普通话绝不逊色于中央人民广播电台播音员的语文系主任张廷芳老师还有一个称号：当代文成公主。作为出生在北京的北京师范大学的高才生，她远嫁拉萨，成为同样是北京师范大学藏族高才生的次旺俊美的妻子，他们的故事很久以来一直是记者和作家眼中经典的创作题材。次旺俊美先生在担任西藏大学校长的时候，是全国最年轻的大学校长，后又转任西藏民族学院院长、西藏社会科学院院长，同时还是著名的藏学家。而张廷芳老师后来升任西藏大学副校长。

在西藏大学任教的岁月给我留下了难以忘怀的记忆。

在古典文学课堂上，藏族同学的学习非常吃力，但有不少学生藏语言写作能力超群。我发现有学生在课桌上摆着一大摞《西藏文学》藏文版杂志时，就非常好奇。原来他是杂志的作者，而杂志社付稿酬的方式就是赠送杂志。

在此任教期间，适逢语文系创办新闻专业班，我就承担了写作课程的教学任务。《中国改革报》记者周国荣先生被聘担任新闻写作课程的教学工作。这些学生现在大部分成了西藏电视台的中坚。

位于西藏大学西门口的留学生公寓留下了不少动人的记忆。由中山大学前来援藏的张连顺先生，经常畅谈哲学，苦学藏语，并尝试用古体诗格式翻译《萨迦格言》，晚间就点燃蜡烛，在房间打坐。他现在已经是国内著名的因明学教授。来自中国音乐学院的魏铁柱先生，总是在拉萨停电后，于一片漆黑的房间流水般地“盲奏”扬琴，一展风采。后来又用金刚铃杵发明了类似编钟的乐器，在拉萨演出。来自天津师范大学的戎鹏先生，在此教授外国文学课程。他的哈萨克族身份给他带来了痛苦的“文革”记忆。每次倾听他关于人生阅历的讲述，那种曲折的经历和传奇般的故事，都非常令人震撼。

当时拉萨冬季缺电，晚间 8—12 点全城停电，全城到处都是发电机的轰鸣，一根粗大的蜡烛足以保证 4 个小时的照明。西藏大学西侧的西藏电影公司就成为我们最好也是最合理的去处，这里可以用发电机提供放映电影的动力。一些港澳大片在此公映，比如《红番区》的播映就引发了潮水般的笑声。

西藏大学紧邻拉萨河，无论是夏季还是冬季，这里都是拉萨气质的经典符号。清澈的河水浩浩汤汤，北依大山，仰望布达拉宫，环绕拉萨城池。这里总是聚集着拉萨的城市居民和游客，并成为所有“摄影家”留影和创作的胜地。

留学生公寓的值班室里，总有两位风趣的藏族妇女，她们是这里的工作人员。她们总会很负责地接听来自远方的电话，并不失时机地揣测来电人的身份，开几句玩笑。每次下课返回公寓，几乎总有酥油茶在温情地等待着我。在 1995 年的藏历年期间，我们三位援藏的教师应邀“出席”了他们家庭的藏历新年“庆典”，尝试穿上厚重的藏袍，品尝风干牛肉、卡赛，喝着冰凉但极具穿透力的青稞酒，执迷于色彩斑斓的藏式家具，在现场创作和演出的酒歌的“激励”下，采用三口一杯的传统方式，豪饮美酒，享受藏历年的别致风情。

这一整年的时间，实际完成了我对西藏文化的“启蒙教育”。

第一次登上布达拉宫。当时的票价仅仅 2 元，可以参观几乎所有的地方。布达拉宫的巍峨和历史感，它独特的建筑方式，对精神的膜拜和至高无上，已经很难用“震撼”来描述。也许，寻得新的思想方式，是真正的收获。横亘于药王山与布达拉宫之间的巨大经幡，在高原之风的伴奏中，展示出的不仅有响亮的节奏，还有舞蹈般的极致美感。

第一次进入八廓街。这里是西藏民族文化的“大本营”。大昭寺和环绕而成的八廓街，展示出西藏文化的灿烂。几乎没有人可以拒绝八廓街上密布的民族文化产品的诱惑。

第一次攀登哲蚌寺。这座拉萨最大的三大寺之一，居高临下，俯视拉萨城，并被种种传说和故事所笼罩。

第一次观赏罗布林卡。这座历代达赖的夏宫，最令人称奇的是分布着很多热带、亚热带的植物。不知道在高寒的青藏高原，它们获得了哪些超级能量，在此能够延续生命的奇迹？这里又是西藏民间艺术的巨大演出舞台，藏戏和民间娱乐的演员、观众浑然一体，难以分辨。

第一次观赏药王山摩崖石刻。石刻的鲜艳色彩的魅力甚至超过石刻本身。用刻有六字真言的玛尼石片堆砌巨大石塔的工程刚刚奠基。摩崖石刻前的地面光滑可鉴，虔诚的信徒匍匐地面膜拜，打磨成了镜子一般的圣地。

面对西藏民族文化带来的巨大冲击，任何一个人的灵魂都会产生激情。在接受了仅仅半年的文化沐浴之后，1995 年上半年，即使很拙劣的文笔，也会产生华章：一篇又一篇关于西藏文化的文章在西藏区内外报刊爆发式地刊登出来，有几天，一天内甚至可以收到3 个稿费汇款单。那些曾经是望尘莫及的著名青年报刊——《中国青年报》、《辽宁青年》、《青年知识报》等，先后都出现了我的名字。即使在拉萨大家耳熟能详的布达拉宫，我也能写成“大”文章，在一家颇具影响的《收藏》杂志占用 8 个版面。文化，就这样神奇地激发着人的生命活力和灵感。

在当时西藏大学的校园里，绝对不能忽略一群身份特殊的“居民”：狗儿。每天早晨叫醒我的“闹钟”，就是追逐嬉戏的狗家族。它们总是喜欢蜷伏在我的窗户下，用响亮的不同音频互相呼唤和交流，不时发动友情“攻击”，在校园展开“田径比赛”，打破校园的宁静。在很多庄严或比较民间的集会现场，也总有狗的自由身影，人们对此习以为常，视其为人的亲密“伴侣”。

拉萨培育了我独到的生活技术。我学会了用高压锅煮面条而不致面条成为稀饭；完成了由方便面专业户向烹饪初级专家的转变；习惯于饮用西藏独特的酥油茶、青稞酒；能够品尝到糌粑独有的香味；巧妙防御强烈紫外线对皮肤的破坏；会吟唱那些响彻天际的藏族歌曲；懂得几句人际交往范畴的藏语。在西藏一年的重大收获之一，是拉萨的纯净饮水自然治愈了在高中时期被长期温水泡干馍“创伤”的肠胃，使我重新回到健康人的行列。

二、拉萨的书店：20 世纪 90 年代中期

在最初的记忆中，拉萨的书店承载了我对西藏文化的深情感念。

以知识分子自命的人，总是关注一个地方的书店，尤其是作为文化之城的拉萨。书店也许代表着这个城市的文化符号。

1994 年的拉萨书店，主要是分布在自治区政府东侧宇拓路的拉萨市新华书店、西藏人民出版社书店和北京路上的西藏自治区新闻出版局书店。拉萨市新华书店当时栖身于一座宽阔的平房，但新建书店大楼的计划已经启动，很多书籍摆在地上，以低廉的价格促销。我在这里很荣幸地购买了 100 多册连环画！这时的连环画，作为收藏品的气质已经显露，并且完全迎合了人们美好的阅读记忆，兴奋的情绪延续了整整十八天！

西藏人民出版社书店汇集了当时最多的西藏文化书籍，也是我最习惯于徜徉的地方。每当我走进书店，毫无例外地我会成为一名合格的消费者，然后回到西藏大学的住宿地，津津有味地阅读起来。在 1995 年结束西藏大学教学生涯返回咸阳之际，我非常豪爽地购进了几百册西藏文化书籍，包括《西藏艺术研究》、《雪域文化》、《西藏民俗》这些弥漫着西藏文化血统的期刊。很有意思的是，我下决心购买了《清实录藏族史料》、《明实录藏族史料》等大部头的丛书，有点得意地带回家中，未料它们的作者就是西藏民族学院的顾祖成先生。顾先生在得知我的“壮举”后，立即申明原本可以就地馈赠我这两部丛书。

在 1995 年结束西藏职业生涯返回内地时，我与研究西藏经济学的专家狄方耀兄决定一同乘卡车穿越青藏公路，体验世界屋脊的壮阔。然后在青海格尔木改乘火车，直达咸阳。随身行李的 80% 不是细软和珍宝，而是一箱箱在拉萨购买的书籍。它们至今还是我书房中最珍贵的宝藏，也是我走向西藏新闻传播研究最初的启蒙导师。

20 世纪 90 年代中期的拉萨，似乎还没有在城市设置报刊亭的习惯。街道上无法购买报刊。于是，自治区邮政局的书刊书店就成为一个充满诱惑的地方。这里排列了七八排期刊书架，当然不限于西藏文化刊物。但最吸引眼球的依然是《中国西藏》、《西藏旅游》、《西藏民俗》、《雪域文化》这样具有鲜明色彩的刊物。

读书成为我这一年来在拉萨的生活主题，是书带我进入了拉萨，进入了西藏，使拉萨的记忆充满文化的自豪感和印记。

三、笑容和牙齿：拉萨气质

西安老乡郑钧的《回到拉萨》唱道：“没完没了的姑娘她没

完没了的笑。”

笑是拉萨最熟悉的容颜。如果没有豁达的人生姿态和面对生活的趣味感，笑声也许会成为稀缺的资源。在拉萨的街道上，你总会看到一群群悠然前行的人们，手摇转经筒，口中念念有词，漫步行进，小狗摇尾随行，此时的天空亦显得从容娴静。

有聚会的场合，就有歌声和舞蹈。藏族百姓最喜欢用歌喉和腰肢说话，每一位都是艺术家。这是这个伟大民族的天赋，但更是民族的胸怀。在旷达的世界屋脊，很难想象离开舞蹈和歌唱，生命会多么寂寞。

藏族的舞蹈颇有踢踏舞的节奏感，旋转的身体，激烈的节奏，富有整体的激情和豪迈的情愫。也许舞蹈的动作并不华丽，但具有不可抗拒的感染力。在很多聚会和仪式的尾声，场上的演员会热情地邀请场下的“演员”加入集体舞蹈的行列，形成壮观的舞蹈阵容，让激情无一例外地释放。

但我也许更加偏爱西藏的歌声。没有哪一种歌声能够如西藏的歌声这样深受我的钟爱。你也许会演唱世界上任何一种歌曲，但未必能唱藏歌。

西藏歌曲大多高亢嘹亮，这常常使我怀疑藏民族歌喉的特殊性。我曾经为此咨询过西藏大学的声乐教授，得到的是肯定的回答。尽管如此，这也不足以尽释西藏歌声超凡脱俗的境界。我觉得，歌声肯定不是技术的产物，而是心灵的使者。倾听藏族歌声，有一种音乐艺术彻底的纯粹感，已经达到极致，不可能再被超越，你是在欣赏，但不可避免的也是在被征服。尤其是行进在无可遮挡的青藏高原的狂野，藏歌的声音会穿透所有人，贯穿宇宙，把人的生命放大到无限。

如今，藏歌在中国的许多地方响彻云霄，成为中国民族艺术的“普通话”。

在拉萨，伴随着真诚的笑容，人们露出洁白的牙齿，整齐、纯洁。

洁白的牙齿总能昭示美好的生活状态。拉萨被称为“日光城”，太阳在明净的天空中显得格外醒目和尊贵。它会把全部的激情投射给这里的地球。晒黑了人的皮肤，而又供给无限的能量。在居民生活区，到处可见太阳能银色的“大锅”。

传说中最为寒冷的拉萨，以前却没有暖气。人们在白天会大开窗户，让太阳最大面积地照射到房间，在夜幕降临的时候，关上窗户，白天太阳的热量，就可以保持整个夜间室内的温度。虽然室外寒气逼人，但房间却并不显得寒冷。1994 年第一次进藏，带了一件呢子大衣，完全成为室内摆设，从未上身。近年来拉萨发起供暖工程，虽是民心工程，但并非完全必要。

拉萨似乎没有分明的四季，这里只有冬夏，无论春秋。在拉萨最为美好的七、八月份，就进入了她的“雨季”。她善解人意，总是在傍晚到夜间降雨，无一例外地赠送给你一个明媚的早晨，让你享受，让你外出，真是温情脉脉，无比惬意。

人们都会感受到地球变暖带来的微妙变化。在1994年的拉萨，四周的山峰几乎没有小草。即使在夏季，降雨也会变成降雪，山巅白皑皑一片，季节混沌，激发出人的多重想象力。但在今天，拉萨四周的山峰已经出现绿茸茸的植被，造就出拉萨前所未有的盛景，但人们还是不期望出现雪山急剧融化带来的灾难。西藏山峰的雪线越来越高，雪域高原的美誉已经名不副实，在如今的拉萨，要见到降雪的美景，也需要足够的运气。

拉萨正逐渐拥有越来越多的时尚建筑和游客，这种繁荣并非拉萨的本意。在旅游的旺季，拉萨街道出现了在中国的任何城市都不鲜见的拥堵。大量外地车牌的轿车排列在拉萨的街道上。所有著名的景点也在复制内地景点人看人的模式。住宿的价格增长了至少一倍，而且是动态式增长。参观布达拉宫的门票成为拉萨旅游最大的紧缺资源。进出藏的机票、火车票一票难求，人们最合适的选择就是向旅行社“投诚”。拉萨的宁静正在远去。如果仅仅使用经济效益考量发生井喷式增长的拉萨旅游，绝不是一种智慧。

四、建筑：拉萨最醒目的名片

记得1994年的拉萨，有着淳朴的文化村庄的感觉。

现在的布达拉宫广场，当时主要是工人文化宫的区域，并用围墙隔开，里面设有游戏项目和设施，进入要收门票。布达拉宫前仅仅有一条并不宽敞的道路。而现在的布达拉宫广场，不仅是世界上最高的广场，五星红旗高高飘扬，而且建成了西藏和平解放纪念碑，成为拉萨的休闲中心和政治广场。

宇拓路还不是步行街，自治区党委政府大院的正门正对着这条街道，也就是正对着著名的大昭寺和八廓街。现在的宇拓路成为拉萨最时尚的街道，世界名牌商品广告和拉萨特色商品购物中心比肩而立。

现在的江苏路，当时命名为“金珠路”，路面不平，夜间的路灯总有缺席，行走其间，会有短暂的“恐惧感”。今天的江苏路无疑是拉萨最主要的道路之一，贯通城市东西，分别为拉萨前往藏东、贡嘎机场的起点。

北京西路是拉萨当时最繁华的街道。这里汇集了拉萨最完整的餐饮服务链，成为拉萨夜生活的象征。如今，它的繁荣依然如故，但街道已略显狭窄。

在西藏大学东侧，是大片民居和农田。这里成为当时拉萨名副其实的“东郊”。但在今天，随着西藏大学新校区的建成，这里正在扮演“新拉萨”的时尚角色。

以八廓街为中心，拉萨主要的藏式建筑群荟萃于此，成为拉萨风格的主要符号。

环状开放的八廓街，集中了拉萨最典型的民居。他们的碉楼式建筑风格具有鲜明的民族气质。很多时候，人们会发现在阳台上摆放的一排鲜花，与建筑本身的色彩相映生辉。进入房间，最惊艳的可能是偌大的客厅、华丽的藏式家具和桌上摆放的丰盛的藏式食品，所有时尚的家用电器一样都不缺少。在与八廓街毗邻的北京西路、江苏东路一带，藏式建筑在蓝天白云的映衬下，构成了风格绮丽的画面。

藏式建筑风格不用刻意识别就会立即显示出自身的文化身份。

即使把最美丽的词语用于描述布达拉宫，也难以穷尽她的辉煌。她的红白主色调、层次感、居高临下的庄严，与山势的完美融合，神圣的宗教和政治使命，种种传说的再创作，使她具有非凡的身份和气场，她不仅成了拉萨最主要的历史记忆和标志，也当仁不让地扮演着摄影“模特”的光荣主角。她甚至具有包容整个拉萨历史和身份的杰出能力。很多游客来到拉萨，就是为了一睹布达拉宫的风采，将传说变为现实。

大昭寺的金顶辉映整个拉萨、整个西藏。这里是传说中拉萨的心脏，拉萨城市的“首席设计大师”文成公主正是在这里为拉萨的崛起奠基。大昭寺也是八廓街的核心。环形街道上处处有辐射四面八方的道路，从任何一个地方都可以进入，也可以走出。如果可以航空拍摄八廓街的地理形势，那一定是一张极具场域感的感人图画，并具有强烈的象征意义。

罗布林卡的身份显然轻松得多。这里是“官方园林”，瑰丽的植物、湖泊、草坪和藏式宫殿，使她更多地扮演从贵族乐园到民众俱乐部的民生角色。藏戏的演出和藏民族传统的过林卡休闲方式，使罗布林卡增添了浓郁的亲切感。罗布林卡广场如今是拉萨最大的广场之一，花卉成为广场的“首席化妆师”。行走于此，人们更多被唤起的可能是生活的情调，而不是沉重的政治话题。

西藏历史博物馆是西藏文化的象征。从建筑形式到馆藏内容，沁透着藏民族文化的灵魂。在这里，可以沿着陈列文物的走向，寻觅西藏历史发展的轨迹。作为新闻传播学者，当然就很关注在此展示的西藏第一份近代报纸——《西藏白话报》。只有7页的油印报纸，却拉开了西藏新闻传播事业的帷幕，书写了中国藏文报刊的第一页历史。大量的西藏民俗展品、唐卡艺术，也许能够更直观地揭示西藏文化的品质。如果在拉萨可以停留三天，那就应把其中的两天时间安排在西藏历史博物馆，完整阅读西藏历史的那些细节和故事。

拉萨的西藏风格建筑，毫无疑问是拉萨之所以成为拉萨的文化保障。

五、民俗：拉萨的形象名片

拉萨的民俗是一部宏大的百科全书，而每一个人都会有阅读这部百科全书的个人视角。

看看拉萨无处不在的经幡吧：它是色彩的炫耀，飘扬着信仰的旗帜，传达出虔诚的祝福。极富意味的是，在每家的屋顶，猎猎经幡和鲜艳的五星红旗比肩而立，昭示出一种特殊的文化概念。经幡上印着六字真言，随风飘扬，每一次摇曳，都被认为是一次严肃的诵经。

转经的人群构成了拉萨独特的风景线。在很多时候，也许这不能仅仅被看作一种信仰，而是拉萨生活节奏和韵致的自然流露。在拉萨的街道上，经常会看到一群群信众手摇转经筒，肩背行囊，悠然行进，口中念念有词，对此外的世界目中不见。走到布达拉宫和大昭寺前面，信众就会匍匐在地磕长头，表达信念。如果是拉萨民间的重要节庆，甚至在交通高峰时期，交警会指挥过往车辆暂时停歇，给信众穿越道路礼让，让他们从容穿过马路。在药王山上，信众拾阶而上，形成长队，名为转经。

拉萨的甜茶馆分布极广。这里绝对不仅仅是生活的栖息地，来到这里的人们，会怀抱一种强烈的期望，在此获得关于西藏的神秘信息，体验世界屋脊的异样感。而到拉萨的游客，进入甜茶馆的愿望尤其强烈：这里就是西藏文化的窗口。

在宗角禄康公园，在每年例行的雪顿节里，这里就成了广阔的文化演出舞台，藏戏是必然的主角。转经筒环绕布达拉宫东、西、北侧，人们顺时针转经，经桶飞旋，传达着某种祈愿。布达拉宫的神奇就在这里：即使从它的背后来看，也不失巍峨和庄严。实际上，在任何一个角度，布达拉宫都是风度翩翩，风姿绰约，具有文化的威严感和美感的。

在拉萨的所有寺庙中，都汇集着藏民族文化的精华。不管是信众还是游客，进入寺庙，都是在体验信念的魔力。没有喧哗，没有调侃。投入佛像前的钱币，可以是1角，也可以是百元大钞。如果你愿意，完全可以投入10元，自己找回9元，施行1元的祈祷，绝不会被佛祖和俗人嘲笑，一切自然而然，安详的氛围引人入胜。

藏传佛教的寺庙建筑很有特色。外表金顶灿烂，珠光宝气，而室内则显灰暗，过门须低头，酥油灯一片辉煌，佛祖嫣然，经卷丰厚，神秘、庄严的氛围弥漫期间。而寺庙的外观，则十分大气，依山而居，梯次展开，俯视人间。如果以艺术的眼光来评价，那它就是艺术的经典，包括每一座寺庙，每一座经堂，每一个角度。

逛罗布林卡是拉萨生活最迷人的方式之一。在田野草地、在树林、在河畔、在山脊，总之在野外，搭起帐篷，携带丰盛的食品和酒水，一家人或者一群朋友出行，在此聚会，载歌载舞，载食载酒，打破所有约束，进行生命的狂欢。而狂欢的时间甚至可达到连续几天。一顶帐篷，就是一个狂欢之家。在今天已经厌倦城市拥挤、污染的人们看来，这完全是极端先进的生活理念，释放生命活力的嘉年华。可能的一种内在逻辑还在于：游牧生活的生命遗传所形成的强大惯性，依然在驱使拉萨的居民到大自然中去，到草原中去，依山而居，傍水而生，天人合一，体验自由生命的美妙。

西藏民俗的荟萃之地当然在八廓街。描述和赞美八廓街的文字已经有些泛滥了。从1994年第一次在八廓街开始我的西藏文化之旅，到每次进藏必然的旅行首选之地，八廓街在变与不变之间被一次次重新塑造。

八廓街在变，融入了时尚元素。大昭寺广场的石板更加光洁。甥舅会盟碑终于拆除了厚厚的围墙，代之以玻璃，上面镌刻的文字清晰可见，与历史的面对面不再是梦想。而文成公主栽种的“公主柳”依然繁盛，引人联想。驻藏大臣衙门从商铺的遮掩中再现真容，成为又一本极具分量的西藏地方历史教科书。八廓街的路灯、匾额和建筑，在现代色彩中保持着传统的矜持。四通八达的道路将八廓街塑造成完全开放的文化大观园。拍摄出售民族工艺品、收藏品的摊位很可能被拒绝或收费。进入大昭寺广场须持身份证接受安检。而这些改变，似乎很难改变八廓街在历史中的固有地位和形象。

八廓街的“不变”，正是八廓街的价值所在。它的天空依然湛蓝，香草的烟雾仍旧袅袅飘扬。民族工艺品商店鳞次栉比。熙熙攘攘的游客中，既有藏族，也有汉族，外国游客可能最为醒目。行走于此，并非一种目标，而是一个体验过程。金顶有着永远的灿烂和辉煌，磕长头的信众一片片拜倒在佛祖面前。即使没有购物，漫游在八廓街本身也是一种收获。你会感受到多重的差异，会被吸引和震撼，觉得世界如此丰富多彩，如此美妙。如果排除了八廓街的经历，你到拉萨的所有经历都会黯然失色，甚至缺少主题。

拉萨，是文化的拉萨。

六、“咸阳民院”：拉萨的底色

拉萨与西安（咸阳）之间存在着历史的姻缘。

唐代的文成公主嫁给吐蕃的松赞干布，长安人嫁给了西藏人，一段“高层次”的婚姻，一个历史的传奇，一种跨文化的超级传播。由此，长安与逻些（拉萨古称）以甥舅相称，成为亲戚，消弭了巨大的民族隔膜。

西藏的第一所高校——西藏民族学院并没有建在西藏的拉萨，而是落脚于陕西的咸阳。这本身就极富创意，被其所引起的好奇至今不衰。因为建在咸阳，她在西藏就被习惯地称为“咸阳民院”。咸阳民院最自豪的地方，在于它自 1958 年建校以来对西藏社会产生的无可比拟的影响力。“无可比拟”的含义是：就对西藏的影响力而言，全中国高校无一可与西藏民族学院比肩！

西藏民族学院是西藏干部的摇篮，她输送给西藏 6 万名毕业生，分布在西藏的所有地区、所有行业和所有干部层次，至少有三分之一的干部曾是西藏民族学院的学生，而在基层，还要大大超过这个比例，仅仅是自治区级干部中的西藏民院学子，就有 30 多人。西藏民院学子在拉萨分布的高密度，使在拉萨的民院学子以“西藏民院”的理由寻找校友的努力显得几乎没有任何意义：只要大喊一声“谁是民院毕业”，在拉萨的任何地方都会有一群人响应。西藏民族学院实际上在全面而深刻地影响着拉萨的社会文明进程。

于是拉萨和咸阳之间就形成了奇妙的互动关系：咸阳毫无疑

问是拉萨的家，而所有到达拉萨的民院人，总会与他们的学生和朋友在街道不期而遇。

一所大学对一个地方的影响如此全面和长远，西藏民族学院可谓是绝无仅有的。这似乎并不可以就此判定是这所学校的超级魅力，而是历史造就的杰作。在建校初期到1965年更名为“西藏民族学院”，她的名字就是“西藏公学”，培养干部是其明确的使命。直到1975年“西藏师范学院”（“西藏大学”的前身）在拉萨成立，西藏民族学院在此期间一直是西藏高等学校的唯一记录。而在2007年高校毕业生实行自主择业双向选择之前，西藏民族学院的所有毕业生都要毫无例外地返回西藏工作。西藏民族学院如此精确的教育针对性，使她获得了建设新西藏的历史使命，从而创造出自己独一无二的辉煌。

如果要真实地记录一座城市，即使是最伟大的历史学家和文学家也只能“望洋兴叹”。特别是一座文化城市，她的历史如此悠久，内涵如此丰富，区区文字怎能传扬她的魅力？

我只能说：拉萨，你是文化的精灵！

（作者系西藏民族学院新闻传播学院教授、院长，主要研究少数民族新闻传播，数十次进藏调研，著有《西藏新闻传播史》、《中国藏语报刊史》等）

我在西藏当记者

苏宏元（Su Hongyuan）

新闻界有句行话：新闻是用脚写的。即使在今天，交通工具十分发达，活动起来方便了，空间扩大了，记者的双腿也还是不能够偷懒，因为虚构或想象仍为同行们所不耻。这注定了以新闻为职业谋生的人们忙碌辛劳的命运。或许有人说，现在可以利用手机或者网络什么的进行采访，不仅效率高而且轻松愉快。但在我看来，这样的采访总有点儿变味。如果新闻工作跟公司职员或公务员这类职业同样枯燥，那当记者还有什么劲儿呢？

如今我已退居老师这个相对安定的工作岗位，说出这种话来似乎显得矫情。不过我也当过记者，用王朔先生的话讲，我也玩过一把，而且是在西藏。当然，那已是 20 世纪 80 年代的旧事了。

西藏高原空气稀薄，含氧量与内地相比差不多少了一半。初来高原的内地人总觉得呼吸不那么顺畅，甚至常有头痛、胸闷、心跳、气喘等高原反应。饮食习惯跟内地也大不相同，什么糌粑、酥油茶、青稞酒或者风干羊肉之类的，听起来怪兮兮的。有的藏民特别热情，用带血的羊肉、牛肉招待你，把你吓一跳，但其实不必大惊小怪，这是他们用以向客人表达欢迎的宴席。他不知道鸡鸭鱼肉是何等美味，如果你告诉他，他反而会瞪大眼睛疑惑：那些东西有营养吗？

尽管空气稀薄，饮食也不习惯，但当记者总不能那么娇气，时间一长，也就慢慢适应了，于是想抓紧时间把西藏跑遍。要知道西藏面积比江苏大 10 多倍，而且大部分地区天寒地冻、荒无人烟。因此，要跑遍谈何容易，弄不好要是得了肺水肿，可不是闹着玩的。我自恃年轻力壮，有股子不怕吃苦的劲头，主动要求下去当驻站记者。先是去了林芝地区。那儿的海拔相对较低，约 2 000至 3 000 米，山明水秀，气候宜人，被称作“西藏江南”。待了半年多，回拉萨开会，我向领导表示：既然是来援藏的，也就是说准备好了来吃苦的，不如换一个更艰苦的地方，哪怕阿里也行。本来只是说说而已，可领导居然答应了，因为没有人愿去那儿。我却很高兴。阿里，被称为“世界屋脊的屋脊”，离拉萨1 000多公里，平均海拔约 5 000 米。那可不是可以随随便便去的地方，多少人在拉萨待了一辈子，也没去过一次，我却说去就去了。在阿里待了 10 个月，我给拉萨发了一份电报，说明心脏好像有点儿不对劲，请求调回。领导着了急，催我赶紧返回。我搭了一辆押送犯人的囚车，冒着零下 40 摄氏度的严寒和风雪，尝够了苦头，返回拉萨。回到拉萨，一检查身体，心脏好好的，一点儿毛病也没有。在拉萨待了一两个月，又腻了，再次要求下去当驻站记者。这回去的是后藏日喀则，已故大师班禅的故乡。电影《红河谷》里中英最后血战过的那片古战场，就在日喀则地区的江孜。

在地区当驻站记者，名义上归当地宣传部门领导，实际上并不受太多管束。每个月只要完成十篇左右新闻稿，重大新闻不遗漏，余下的时间逍遥自在，快活哉也。可以睡很懒很懒的觉，可以散很慢很慢的步，可以打牌、下棋、抽烟、喝酒，更多的时候则是读报，读《人民日报》、《光明日报》、《西藏日报》、《拉萨晚报》，总之什么报纸都读，从头至尾甚至连中缝也一字不漏地读完。实在无事可干，就去逛街。日喀则市相对大一些，两三万人口，还有一个叫老街的集市，据说很有些年头。在那儿可以买到藏族人的日常生活用品、各色各样的手工艺品，如果运气好，说不定还能淘到件把价值连城的古物。不知为什么，那时候的我却对此毫无兴趣，而更愿意躲在甜茶馆里喝茶，坐多久也不会有人赶你走。我呆坐着，听着门外喧嚷的市声，消磨掉了许多无聊的时光。现在想起来，那些时光真是美妙无比。阿里地区的狮泉河镇比日喀则更小、更寂寞，中心有一座百货大楼，一座大礼堂，还有一个小摊贩聚集的露天市场。周围尽是沙碛，不长一棵树，连根杂草也不见，一条清凌凌的河流和一条尘土飞扬的大道平行地横穿过小镇。晚上 10 点多钟，太阳还浮在山巅上，看着它缓缓地降下去，仿佛整个世界也在随之下沉。由于严重缺氧，晚上难以入睡，供电一不正常，电视看不起来，只能躺在床上盯着天花板发呆。渐渐有了尿意，披上大衣，哆里哆嗦出门去，一边放水一边看月亮。那月亮大得惊人，似乎要把你的魂魄勾了去。

过了一段这样的日子，心里就开始发慌。难道就这样把两年多时间混过去？于是联系车辆，准备下乡去采访。在西藏出行，动辄数百里地，尽是荒山野岭，没有车极为困难。其实搭车并不是件难事，你只需站在路边，大拇指一翘，司机就把车停了。因为那司机单身驾车，正要找个人聊聊，以排遣旅途的枯寂。汽车一路开去，上山下山，半天见不着个人影。正当你饥渴难忍的时候，前方恰好立着一顶黑黢黢的帐篷。那是一户牧民，只要你停下车，向主人打个招呼，他肯定会热情招待你。你无须客气，吃饱喝足了，抹抹嘴巴，转身就走，一般不必付钱，除非你想惹对方生气。这种高原上特有的慷慨是艰苦的自然环境培育出来的。

那次去珠穆朗玛峰，公路被山洪冲垮了。我们徒步前往，从下午一直走到天黑，从傍晚又一直走到午夜，一个个疲惫不堪，饥肠辘辘，横七竖八地滚倒在山坡上。白天的暑热散去，气温降至零下20摄氏度左右，身体几乎冻僵了。突然有人大喊一声："瞧，下面！"朝山下看去，只见在黑沉沉的荒岭上，一片光亮闪闪烁烁，于是摇摇晃晃地站起身，连滚带爬下山去，像一群亡命的匪徒。山坳里有顶帐篷，边上站着一位妇女，似乎在观察我们。等我们靠近，她"哇"的一声窜进了帐篷。我们等了片刻，一位藏族老太太走了出来，身后还跟着几个孩子。我们中间有位藏族记者，上前去跟她叽里咕噜了一番。她把我们引进了帐篷附近的羊圈。那位妇女搬来了几块石头，搁上一只大锅，生火、烧水、打酥油茶。那堆火红通通地燃着，干牛粪发出哔哔剥剥的爆响。我们围了个圆圈，跳呀唱呀吼呀，尽情地撒野胡闹。那天晚上，我不知喝了多少碗酥油茶，反正是我在西藏喝得最多的一次。我头一回发觉酥油茶竟是那么香。就像鲁迅先生早年某次吃过的罗汉豆，我以后再也没有喝到过那么香的酥油茶了。

就这样，在两年多的时间里，我逛遍了大半个西藏。我去了珠穆朗玛峰，去了雅鲁藏布江，去了古格王国，甚至去了那些"上无飞鸟、下无寸草"，人迹罕至的荒漠冰谷。与其说这是一次次采访，不如说是一次次长旅。然而我相信，就是在一次次这样的旅途中，我逐渐把握住了真实的西藏。

在离开西藏之前，领导让我进行最后一次巡回采访。在返回拉萨的途中，雅鲁藏布江上浊浪滔滔，狂风呼啸，北京牌吉普车紧挨着悬崖峭壁，以120码的速度在飞沙走石中急驰。快到拉萨时，风沙渐渐停歇了。在青灰色的暮霭中，雪花纷纷扬扬地飘了起来。公路笔直地向前方延伸，不一会儿工夫，已积了一层薄薄的雪。已是十月初了，高原的冬季即将来临。不久以后，冰雪将覆盖整个西藏，120万平方公里的土地，昌都、林芝、山南、拉萨、那曲、日喀则以及恍若天边的阿里，以及我去过的那些无名的山坡，那些我曾结识过的牧民以及他们小小的帐篷。

我泪流满面。就在那一时刻，我已决定永远地结束记者生涯。然而结束的并不只是流浪天涯的采访，还有我的青春。真的，结束了，我的青春，虽然我还年轻。

（苏宏元，男，江苏太仓人，系华南理工大学新闻与传播学院教授、院长）

19世纪末20世纪初西方殖民者对西藏的争夺

——对《申报》关于列强染指西藏报道的综述

嵇美云（Ji Meiyun）

第一次工业革命之后，随着西方的崛起和中国封建王朝的衰落，中国广袤的国土和丰富的物产资源成了西方资本主义列强觊觎的猎物。从17世纪开始，英国、俄国等西方势力，积极利用“传教”、“游历”和“通商”的名义，窜入西藏地区，设立教堂、搜集情报、拉拢地方贵族，甚至进行武装考察，为后来的入侵做了大量的准备。各殖民帝国蜂拥而至，摩拳擦掌地企图瓜分西藏。

上海的《申报》（1872—1949）以“西藏”为题的报道共666条，其中大量的新闻和分析，不断地揭露和抨击了列强的阴谋。

1840年第一次鸦片战争爆发。1841年，在英国的许可下，克什米尔的森巴部落同时入侵拉达克地区，东西呼应。英国一开始全力图谋长江流域，在通过《南京条约》打开上海、南京等门户后，列强纷纷染指，于是英国殖民主义当局谋划从印度北上控制西藏，进而控制中国的西南和西北腹地。西藏既是“异域”，也是深入中国内地的跳板。

咸丰年间，由于云南回民及贵州苗民造反，东部地区的商人为了获得西藏之锡，取道海路经印度入西藏，并到云南做买卖。此路一通，引来了英国商人，并报英国政府，拟修铁路从印度通西藏和云南。但是，帝国主义的修路计划，不是为了西藏的发展，而是为了殖民掠夺。① 西藏是帝国主义竭力构筑殖民体系的又一明证。英国认为中英虽然没有协商开放西藏口岸，然而如果不准通商，则视为破坏条约，不时进行战争威胁。

---

① 论英国拟由印度西藏造铁路以通云南事[N].申报（上海版），1873-09-29.

1888 年，英国悍然发动第一次侵略西藏的战争，占领锡金隆吐山。1904 年英国发动第二次侵藏战争，订立英藏条约，逼迫藏人赔付了 166 660 英镑。1906 年，英国强迫清政府签订英中条约及商务合同，并承认英国在西藏的特权。1910 年，英国外交大臣要求中国不得派兵驻扎在尼泊尔、不丹附近一带，并进兵西藏，驻留不走，强令藏人学英语。

与此同时，俄国为打开印度洋通道，对于新疆、西藏均打起了如意算盘。1901 年，沙俄派军队深入藏中，窥视西藏。英俄势力遂互相牵制。1914 年，欧洲爆发第一次世界大战，英国无力东顾，英俄订立密约，承认西藏为中国领土，各不干涉内政。英国逐步改变殖民计划，转而扶植西藏地方政府，笼络十三世达赖喇嘛，使其由反英变成亲英。清朝以及后来"中华民国"的中央政府则治藏乏力。1914 年，中央政府对西姆拉会议上的英藏密约结果不予承认。一直反反复复至 1920 年，中英关于西藏始终也没有达成英国所期望的协议。作为东部地区的天然"屏藩"，中央政府在西藏问题上多次妥协求和，却始终没有因屈服而放弃。但所谓的麦克马洪线，却埋下了后来中印冲突的种子。

1929 年，英国人仍计划在西藏修筑铁路，从拉萨到林芝，从江孜到日喀则。① 清末民初，路权成为列强争夺的一大焦点。当时俄国经营东北铁路，法国经营广西铁路，所以英国对于西藏铁路，志在必得。1930 年，英国支持尼泊尔进攻西藏。1934 年，英国人又筹筑西藏铁路，打算由印度边境，接通拉萨至新疆。② 但是，英国的这一美梦从未实现。

俄国对西藏也是步步紧逼。1922 年，苏俄派遣哥萨克人护送一个所谓的科学家进藏，与达赖联系，以扩充在中亚的势力。③1934 年，苏联的《真理报》称英国谋求成立西藏国。直到 1946 年，苏联与英国在西藏的争夺仍未停止。④

20 世纪二三十年代，列强在西藏的考察和探险突然增多了起来。瑞典、美国、德国、加拿大、日本的各色人等争先恐后地入藏，行旅不绝于途。瑞典科学家斯文 · 海定 6 次到西藏探险，考

---

① 英人拟在西藏筑路[N]. 申报（上海版），1929 - 08 - 08.

② 英方筹筑横贯西藏铁道[N]. 申报（上海版），1934 - 06 - 16.

③ 苏俄派员至西藏[N]. 申报（上海版），1922 - 10 - 04.

④ 英帝国防御计划——求适应新环境[N]. 申报（上海版），1946 - 08 - 09.

察地理、风土、气象、植物。更有人入西藏觅捕金丝猴。在这些以考察为名的活动中，美国后来居上，成了西藏的常客，从西藏输入牦牛制品。① 1938 年，连德国党卫军考察队也涉足西藏。

第二次世界大战全面爆发后，中国成了抗日战争的主战场，也成了英美苏等国的盟国，西藏状况多少有些改善，蒋介石曾考虑筹建横贯西藏的公路，以取代被日军一度封锁的滇缅公路。

“二战”极大地削弱了英法德日等帝国主义国家，战后英国不得不逐渐放松对印度半岛的控制。新中国成立后，西藏绝大部分国土回到了祖国的怀抱。

2006 年，青藏铁路全线正式通车，创造了人类铁路史上的奇迹。2014 年 3 月，拉日铁路主体工程完工，成为中国人征服世界屋脊的最新佐证。

（作者系暨南大学新闻与传播学院讲师、博士）

① 西藏官员访华府.[N]申报（上海版），1948-07-21.

西藏视窗

被误读的仓央嘉措：探析汉藏民族对仓央嘉措形象认知的差异

刘 爽（Liu Shuang） 杨伟龙（Yang Weilong）
化麦子（Hua Maizi）

仓央嘉措是个有着多重身份的传奇人物，他是六世达赖喇嘛，雪域高原的天王，然而却处处受限制，不得自由，最后成为政治斗争的牺牲品；他是一位诗人，写出了诸多人们传唱至今的“情歌”，然而学界对此争议不断，商界却乐此不疲地对其消费。有人说他是浪子，放荡不羁，不遵礼法，甚至耽于玩乐。他是民间形象和文学形象最复杂的达赖喇嘛，关于他的正史很少，民间传说却很多……仓央嘉措是怎样的人，我们已经很难辨清，但现在，他却是知名度最高的达赖喇嘛。

关于仓央嘉措的身后事，我们也无从确认，死亡说、囚禁说、遁走说争议不休，但毫无疑问的是，他 20 岁以后就再也没有了消息。相传他是康熙、蒙古的拉藏汗和桑结嘉措间斗争的牺牲品。仓央嘉措六世达赖的领袖一职是桑结嘉措所立。五世达赖喇嘛圆寂后，桑结嘉措为了稳定政局，15 年秘不发丧。康熙皇帝击败准格尔后，从俘虏口中得知五世达赖圆寂的消息，非常生气。为了惩罚桑结嘉措，在蒙古拉藏汗的挑拨之下，康熙要求把仓央嘉措押解进京。路经青海时，仓央嘉措不幸殒身，从此世上再无仓央嘉措。

近年来，随着仓央嘉措作品的出版及电影《非诚勿扰》、电视剧《武林外传》的推动，“仓央嘉措”再次热了起来，然而这种热也带来了对这位达赖喇嘛的误读。藏、汉两地由于生活环境、社会背景、宗教信仰、民族风情等情况不同，藏人和汉人眼中的仓央嘉措形象也有差异。那究竟藏汉两族人民对仓央嘉措的认知有何差异？为探讨这一问题，笔者在拉萨进行了实地考察和调研，并对当地的藏族和汉族青年进行了采访，试图为上述问题找到较为恰当的解释和答案。

一、汉族文化圈的“仓央嘉措热”

仓央嘉措是藏族的宗教领袖六世达赖喇嘛，其在藏族文化中的地位不言而喻。近年来，不论作为一个宗教领袖还是一个诗人，甚至是“情僧”，仓央嘉措在汉族文化圈中的名气都越来越大，有文章将此现象称为“仓央嘉措热”。[①] 随着仓央嘉措作品的汉译以及大众媒体的推波助澜，这股“仓央嘉措热”更是得到了广阔的传播空间。我们通过访谈形式，探讨“仓央嘉措热”在汉族文化圈中的传播形式，以及汉族人对仓央嘉措作品及其身世的感知和了解。本文运用深度访谈的方法，对汉族本科生和研究生进行了半结构式的访谈，访谈内容有助于我们从受众心理角度更深入地了解汉族文化圈里的受众对“仓央嘉措热”的理解。

（一）仓央嘉措作品在汉语文化圈的传播

在对汉族学生的访谈中，我们主要发现：

1. 书籍是汉族学生接触仓央嘉措的首要媒介

当被问及“最早通过何种途径接触到仓央嘉措的作品”时，书籍是被访者提及频率最高的一种媒介。

“我最初知道仓央嘉措是在一次逛书店时无意中看到一本关于他的书，当时觉得他的名字很好听，就把书买来看了，后来又在网络上搜集了很多他的资料，这才了解他的。”

“高中的时候在和同学的闲聊中知道的，后来舍友买了本《不负如来不负卿》的诗集，我就读了读。”

“最早是从类似《意林》、《读者》一类的杂志上读到仓央嘉措诗歌的。”

除此之外，电影、互联网也是受访者了解仓央嘉措作品的途径。

“最早知道仓央嘉措是看冯小刚的电影《非诚勿扰 2》，里面有个片段用到了仓央嘉措的《见与不见》作为台词，这是我第一次听到仓央嘉措的诗歌。”

“我知道仓央嘉措后就从资料共享网站上下载了他的诗歌集来看，电子版还保存在电脑里。”

“有段时间经常能在朋友的 QQ 签名里看到仓央嘉措的

---

① 荣立宇，刘斌斌．仓央嘉措诗歌在汉语文化圈中传播的流俗化[J]．西北民族大学学报（哲学社会科学版），2013（2）．

诗句。”

2. 汉语文化圈对仓央嘉措作品的传播具有随意性

仓央嘉措的作品在传播的过程中出现了诸多问题，如真伪难辨、再次创作等。对这些问题，多数被访者虽然了解，但也没有做深入的考证，由此可见其作品在汉语文化圈中的传播具有随意性。

“我不百分之百相信翻译，就像我们看外国译著一样，从藏文翻译到汉文，做到信达雅也不是件容易的事。”

“就是觉得那些词写得很美，在书本上或者互联网上读一读可以陶冶情操，没有细想过到底是不是他写的。”

“我觉得在网络时代，随便一句话后面加个人名就成经典格言了，所以之前从来没有仔细考虑过仓央嘉措伪诗的问题，也没有什么辨别真伪的意识。”

对于网络上流行的“见或不见体”，所有的被访者都表示有所了解。

“应该是《非诚勿扰 2》出来之后，微博上就流行起‘见或不见体’，都是模仿仓央嘉措诗歌的格式，填进自己想说的内容，多半都是一些自嘲或讽刺。”

“网民借用经典表达心声，虽然这对原诗来说，有恶搞的成分，但从另一个层面看，有利于仓央嘉措诗歌的传播，有心人会去对他和他的诗做深入了解。”

“我认为歌谣什么的，都可以根据不同的情境进行再创作。”

“仓央嘉措的诗没有版权的问题，所以被微博上的段子手或网友改编，微博上有很多创作能力不太强的人，不能自创，就用别人现成的套子，把自己的想法装进去。”

（二）“仓央嘉措热”背后的民族文化传播问题

1. 汉族青年受众的积极评价

对于读过的仓央嘉措的诗歌，被访者的评价总体上是积极的，有的被访者还给予了高度评价。

“我第一次读到仓央嘉措的诗歌时觉得非常清新，与李煜、纳兰性德等人的风格很像，我很喜欢。”

“仓央嘉措的诗歌写得很美，寓意深远，读起来很有韵味。”

“超动情，特别有意味！”

“读他的诗歌有一种类似于民歌民谣的感觉，他的诗歌挺民间化的，还是比较喜欢的。”

2. 诗歌里的佛教思想及藏族文化

大多数被访者都能从仓央嘉措的诗歌里体会到藏族文化的意味，并且能明显感受到佛教对仓央嘉措诗歌的影响。

“《那一年》里有‘经筒’、‘匍匐’、‘超度’等词汇，很有佛教的特色，读起来明显就与汉族的诗歌有很大区别。”

“写诗一般都用意象，他活在西藏，而且他的身份又是达赖喇嘛，所以用的意象估计都跟西藏的地理和佛教文化有很大关系。”

“他的诗歌里会出现很多佛教词语，还有生死轮回、前身后世的观念在诗歌里面，因此读他的诗歌很有佛教的意味。”

有被访者表示在阅读仓央嘉措诗歌的过程中并不能体会到民族间文化的差异。

“我认为诗歌就是诗歌，是个人意境的表达，和地域、民族关系都不大，所以我觉得在他的诗歌里我很难读出很大的文化差异，更多的是一种情感的抒发。”

（三）分析与讨论

从仓央嘉措诗歌在汉语文化圈中的传播载体以及诗歌表达的藏族文化的传播效果两方面来看，我们初步分析汉语文化圈中“仓央嘉措热”现象，得出以下结论：

第一，大众媒体对仓央嘉措作品在汉语文化圈中的传播起到了不可忽视的作用，其中书籍是主要的传播媒介。汉语文化圈中首次出现仓央嘉措的作品是在1930年，藏学家于道泉将其作品翻译并集结成《第六代达赖喇嘛仓央嘉措情歌》出版，到目前为止影响最大的是藏学学者庄晶翻译成汉文的《仓央嘉措情歌及秘传》。① 几乎所有的被访者在首次接触到仓央嘉措诗歌时都与书籍有直接关系，且多数被访者都提到是在无意的情况下接触到仓央嘉措诗集的。这一方面说明了仓央嘉措的诗歌本身在大众媒介上的传播范围较广；另一方面也说明仓央嘉措的诗歌对多数被访者都具有一定的吸引力。同时，互联网也成为一股不可忽视的传播力量，被访者提到，在书中看到仓央嘉措的相关诗歌后，在互联网上也有相关名词出现，这无疑加深了受众的印象。

第二，对仓央嘉措诗歌传播的随意性，表明汉语文化圈对仓

① 中国少数民族地区信息传播与社会发展论坛组委会编．中国少数民族地区信息传播与社会发展论丛[M]．北京：中国文史出版社，2012.

央嘉措诗歌的传播更多的是一种符号消费。仓央嘉措本来的身份是六世达赖喇嘛，也是西藏历史上身世最为复杂的一位达赖喇嘛，其身世具有神秘性，对于了解藏族文化甚少的汉族受众来说，这一点相当有吸引力。加上附加在他身上的各种奇闻轶事，更是增添了他作为“活佛”同时又作为诗人的形象对受众的“诱惑”。因此网络上对仓央嘉措形象的使用和解读呈现出随意性和想象性，除了专家之外，普通网民对仓央嘉措的了解仅仅停留在为数不多的几首诗歌里。有的学者认为，仓央嘉措的诗歌并非真正都是情诗，“事实上，后人将仓央嘉措的这首诗歌误认为是情诗，跟后人的翻译也有莫大的关系”①。多数受访者表示未曾仔细考证过仓央嘉措诗歌的真伪，对其背后所蕴含的思想更是少有研究。正如受访者对“见或不见体”在网络上流行的看法一样，这是一件“无所谓”的事，仿佛仓央嘉措只是一个符号。而在消费社会，出版商对仓央嘉措的包装正满足了消费者、同时也是读者的窥探欲和好奇心。汉语文化圈里对仓央嘉措诗歌的传播实质，就变成了一种符号消费。

第三，仓央嘉措诗歌在汉语文化圈里的传播对藏族文化、佛教文化的传播有一定作用。仓央嘉措的诗歌使用了众多与佛教相关的意象，如“经筒”、“如来”、“香烛”等，这些意象所指向的正是典型的汉族人印象中佛教文化的内涵。同时，仓央嘉措出生在有“诗歌之乡”的门隅地区，“他借助民歌或取材民歌，从中汲取无穷营养，……其诗具有浓郁的民族特点”②。仓央嘉措诗歌所具有的独特的藏族民间民歌特点也为多数阅读者所重视。多数受访者都表示在阅读过程中能体会到藏族文化和佛教思想的渗入，对其的评价多为“情感丰富”、“有民歌的风格”。而这无疑成为传播藏族文化和佛教思想的一扇窗口，原本神秘而严肃的佛教文化通过抒情的诗歌渗入读者的观念中，是传播佛教文化和藏族文化的另一种方式。

综上所述，汉语文化圈中的“仓央嘉措热”是在大众媒体传播的影响下出现的一种文化现象，这一文化现象本质上是一种符号消费，因而产生了一定程度的对仓央嘉措的误读；同时，不可否认，“仓央嘉措热”对藏族文化和佛教思想的传播也起到了一定的积极作用。

---

① 李叶倩，任乐乐．仓央嘉措[M]．北京：作家出版社，2011．

② 六世达赖喇嘛仓央嘉措诗意三百年[M]．北京：中国藏学出版社，2011．

二、浪子·活佛·诗人——还原藏民眼中的仓央嘉措

（一）藏民眼中的仓央嘉措：浪子？

在西藏拉萨大昭寺外的八廓街东南角，有一座土黄色小楼，这就是著名的“玛吉阿米”餐厅，招牌上用藏、汉、英文赫然写着店名——“未嫁娘”。民间传说，仓央嘉措就是在这里幽会他的情人玛吉阿米的。

“未嫁娘”出自仓央嘉措的诗《在那东山顶上》，著名藏学家于道泉先生翻译的《六世达赖情歌——仓央嘉措情诗集》中该诗的原文为“从东边的山尖上，白亮的月儿出来了，‘未生娘’的脸儿，在心中已渐渐地显现”①。在汉语中并没有“未生娘”这个词，它是于道泉先生自己造的，然而该词后来经过演绎，“未嫁娘”、“年轻的姑娘”、“情人”等说法广为流传，这首诗也逐渐被大众认为是情诗。

于道泉先生翻译的另一首诗——“我向露了白齿微笑的女子们的座位间看了一眼，一人羞涩的目光流转时，从眼角间射到我少年的脸上”，从字面上看写的是男女暗送秋波之事，就算出于普通诗人，也有轻浮之感，活脱脱一个浪荡公子哥儿的形象，仓央嘉措的浪子形象多是从这些诗歌及传闻中解读出来的。

其实，“浪子”是坊间和文学作品对他作品的误读，他与玛吉阿米之间的爱情故事，一直是通俗文学中着力渲染的话题，而他的那首“住进布达拉宫，我是雪域最大的王。流浪在拉萨街头，我是世间最美的情郎”也是汉译出来的。

学者曾缄撰文“仓央嘉措既长，仪容玮畏，神采秀发，赋性通脱，虽履僧王之位不事戒持，雅好狎邪，钟情少艾，后宫秘苑，时具幽欢，又易服微行，猎艳于拉萨城内”，所以总结仓央嘉措为“佛教之罪人，词坛之功臣，卫道者之所疾首，而言情者之所归命也”②。其给仓央嘉措的定位是，“虽不检于行，然学瞻才高，在诸世达赖中最为杰出，故虽屡遭挫辱，但仍尤为藏人爱戴。”

另外，曾缄在发表《七言绝句体六十六首——仓央嘉措情诗》（汉译本）的同时，还创作了一首名为《布达拉宫辞》的长

① 仓央嘉措. 六世达赖情歌——仓央嘉措情诗集[M]. 于道泉译. 北京：当代中国出版社，2011.

② 曾缄. 六世达赖仓央嘉措略传[J]. 康导月刊，1939（1）.

诗，里面有“秘戏宫中乐事稠”的诗句，这首长诗当年轰动海内外，成为普通百姓了解风流活佛、街谈巷议其浪子行为的最佳版本。

然而，虽然诸多文学作品中都将仓央嘉措定义为浪子，误读也好，真实也罢，在藏民心中，仓央嘉措始终深受爱戴。“仓央嘉措既走死，藏人深怜之。拉藏汗更立伊西嘉措为新达赖，众不之信，而思仓央嘉措弥笃。迨七世达赖转生理塘之说传至拉萨，合于仓央嘉措诗中预言，藏人皆大欢喜，以为仓央嘉措再世，迎立之日，不期而会，瞻仰膜拜，盖十余万人云。”①当时藏民对他的感情，虽寥寥数语却溢于言表。笔者为了更好地了解藏民眼中的仓央嘉措，对两位藏民——次仁旦达和德庆欧珠进行了访谈。其中德庆欧珠表示：“我不觉得他是个浪子，首先称他为浪子的作品的真实性就值得怀疑；其次，在他那个年龄，有其他的想法是很正常的，而且他的诗在现在看来很正常，我很喜欢。”次仁旦达也表示：“很多藏语的内容翻译成汉语都变味了，而且我们并不在那个时代，不能了解他的想法，但我很喜欢他，不管别人怎么想。”

中国社会科学院民族文学研究所研究员降边嘉措在接受《中国青年报》采访时回忆说，1981 年出版《仓央嘉措情歌及秘传》时，出版社领导曾有顾虑，担心藏族人民会反感把他们的佛爷当成一个浪荡公子。“我说不会，我们对仓央嘉措的解读几十年来都是错误的，一会儿说他是反封建的，一会儿说是黄色歌曲。他不是色鬼和浪荡，他是要人的自由和空间，人的解放，自由地表达自己的爱与恨。”②

笔者在西藏调研的过程中发现，仓央嘉措的诗敢于打破传统、反抗现实、追求自由，其在西藏人民的感情中有深深的共鸣。在诗歌的传唱中，仓央嘉措完美复活了。而且很少有藏民认为他是浪子，在正统人士看来离经叛道的仓央嘉措，在藏民心中却被敬仰和爱戴。

（二）藏民眼中的仓央嘉措：活佛

仓央嘉措是桑结嘉措及藏传佛教格鲁派拥立的六世达赖，在藏传佛教中，活佛是称愿而来，必要以不同凡人的凡人像来印证

---

① 曾缄．六世达赖仓央嘉措略传[J]．康导月刊，1939（1）．

② 王晶晶．真实的仓央嘉措：一直被误读，从未被了解[N]．中国青年报，2011－01－18．

菩提。仓央嘉措作为六世达赖，尽管有许多匪夷所思、不合教规的行为，但他依然获得了各寺僧众及信徒的顶礼膜拜。①

我们现在说的六世达赖喇嘛，是现在的认定，历史上曾有三位六世达赖。直到第八世的时候，才最终默认仓央嘉措是六世，也就是还给仓央嘉措真实的身份。事实上，直到今天广大格鲁派僧众仍坚信仓央嘉措是真正的六世达赖。

仓央嘉措自幼接受格鲁派佛教教育，长期受正统文化熏陶。在正史中记载，年轻早逝的仓央嘉措虽没有大多数达赖喇嘛那么高的佛学成就，但也留下了几部宗教著作，如《色拉寺大法会供茶如白莲所赞根本及释文》、《马头观音供养法及成就诀》等。作为活佛，仓央嘉措对宗教事务也作出了自己的贡献。

于道泉先生在编译《六代达赖喇嘛——仓央嘉措情歌》的《小引》中曾述及，政敌拉藏汗在诛杀桑结嘉措后，曾召集西藏统治上层的三大寺住持开会，指控仓央嘉措“耽于酒色，不守清规，是假达赖，请予废黜”，大会上“无一人认为仓央嘉措为伪”，甚至为之辩护，说他仅是“迷失菩提”而已，没人同意拉藏汗的请求。

后来拉藏汗一计不成，又禀奏康熙皇上。当仓央嘉措被要求“执献京师”时，无数平民“泪流满面”，在他身前身后“献满了哈达”，哲蚌寺的喇嘛们更不惜冒死将他夺回寺院。②这说明当时拉藏汗欲废仓央嘉措是违背西藏广大僧俗意志的。因为“达赖”这一身份具有民族性，作为达赖喇嘛，他身上的神性被人们圣化，他是宗教偶像的躯壳，因此僧侣们对他顶礼膜拜；而作为个人的仓央嘉措，他的人性特点，他的风流才情又使他得到广大人民的认同。藏传佛教曾有高僧评价他：“六世达赖以世间法让俗人看到了出世法中广大的精神世界，他的诗歌和歌曲净化了一代又一代人的心灵。他用最真诚的慈悲让俗人感受到了佛法并不是高不可及的。”③

作为活佛，本应该是清心寡欲，严守教规，普度众生的，但仓央嘉措因为没有掌握实权，所以他的活佛形象在藏民眼中只是精神上的。同样，仓央嘉措是位与众不同的活佛，他追求自由、

---

① 李姝睿. 不负如来不负卿——仓央嘉措的佛性与诗心[J]. 青海师范大学学报（哲学社会科学版），2011（6）.

② 章嘉·若贝多杰. 七世达赖喇嘛传[M]. 北京：中国藏学出版社，2006.

③ 邑清尘. 最美的情郎最美的诗——六世达赖喇嘛仓央嘉措的诗与情[M]. 北京：九州出版社，2011.

渴望浪漫而且真挚的爱情，欣赏奔放无羁的个性，有人说他是人间法王，他的诗歌是为了点醒无明众生。

而实际上，作为活佛，仓央嘉措其实并不合格。这位寂寞的诗人，面目模糊的六世达赖喇嘛，在300年后接受着人们的朝拜、想象甚至消费。在布达拉宫仓央嘉措的塑像前，导游会停下来为游客讲一讲他的传奇。“在降边嘉措的印象中，仓央嘉措的塑像前没有酥油灯，也很少有人敬献哈达，他的像，只是一具普通的泥塑。”[①]可见作为活佛，他并不像其他活佛一样被称为神，相反，他更具人性。

次仁旦达也表示：“我喜欢仓央嘉措，不是因为他是达赖，而是因为他的精神和他的诗歌。”我们可以理解为，作为藏族历史上尊贵的人间之神，仓央嘉措一方面以超凡脱俗的行动和瑰丽的诗歌刺破活佛的光环，另一方面则因诗歌创作闪烁出来的光芒而成为人们心中不朽的王者。他作为宗教领袖的荣光将永远在藏民心中闪烁，那些流传下来的诗篇将被后人反复吟唱，甚至顶礼膜拜，他也作为歌者被更多的人热爱。

（三）藏民眼中的仓央嘉措：诗人

仓央嘉措是位才华横溢的诗人，这在藏汉人民心中都是不可动摇的事实，他幼年曾学习诗歌，在这方面的造诣为人推崇。

目前仓央嘉措情歌的辑本种类很多，据我国已故藏族文学研究的开拓者佟锦华先生统计，集录成册的有“新中国成立前即已流传的拉萨藏式长条木刻本57首；于道泉教授1930年的藏、汉、英对照本62节66首；新中国成立后，西藏自治区文化局本66首；青海民族出版社1980年本74首；北京民族出版社1981年本124首；还有一本440多首的藏文手抄本，另有人说有1 000多首，但没见过本子”。

具体到仓央嘉措的诗歌，无论是爱情诗、政治诗，还是宗教诗，至今仍然有很多争论。在藏语中，题目的原文是“仓央嘉措古鲁”，“古鲁”是“道歌”的意思，藏语里没有说“仓央嘉措情歌”的，其诗是后来翻译时被解读成情歌的，这不是本文的主题，这里不再赘述。但无论情歌与否，仓央嘉措的诗歌却无疑向我们透露出天然的品性和赤子情怀，诗歌中没有类似“王”、“至尊”这样的自我式认知，有的只是一颗向往自由、敢于追求

① 王晶晶. 真实的仓央嘉措：一直被误读，从未被了解[N]. 中国青年报，2011-01-18.

的心。

仓央嘉措的诗歌于大众中普及是在20世纪90年代。翻译过仓央嘉措诗歌的作家龙冬在接受采访时表示，1990年他到西藏工作，仓央嘉措在西藏的艺术青年群体中如同常识般存在，“谁没有仓央嘉措的诗，谁不读仓央嘉措的诗？大家都很崇拜他。在藏区，仓央嘉措一直被人们所熟知，他不是个话题”①。

采访中次仁旦达也说：“在我心中，仓央嘉措就是一个诗人，一个让人爱戴的诗人，我为他的才华所感动。”德庆欧珠说：“我在很小的时候就会背他的诗歌了，诗歌简单却内涵丰富，现在还经常会有感而发地念两句。我们从他的经历和诗歌中感受到了打破传统、反抗现实、追求自由的精神，他是我们的榜样。”

采访中，我们感受到，仓央嘉措在藏族人心里有一种精神力量，或者说是一种心灵上的支撑。“仓央嘉措有储存并放飞心情的功能。人们太需要这样一位诗人了，他既具有达赖喇嘛的至高权威，又深具白马王子的款款深情；他的嘴里会喃喃念诵佛偈，也会悠悠吐出诗语；他负有普度藏民信众的超凡使命，内心又怀想着心爱的姑娘玛吉阿米，不惜半夜出走布达拉宫，与玛吉阿米在大昭寺边上的黄房子里幽会。”②仓央嘉措的行为代表了很多藏民的心声，反映了他们对自由快乐和幸福美好生活的向往与追求，有深刻的思想内容和广泛的民众意识，甚至很多年轻的藏民会将自己的梦想、对爱情的追求及对失落了的过去的怀恋寄托到他身上，这种力量，是抛除在信仰之外的，是其他达赖喇嘛所没有的。

三、结　语

仓央嘉措的历史踪迹，戛然而止于青海湖附近，他的故事也在1706年（康熙四十五年）冬天，随着青海湖畔的寒风而逝。然而不管是作为浪子的仓央嘉措，作为活佛的仓央嘉措，还是作为诗人的仓央嘉措，他都深受藏族人民的爱戴，过去如此，现在亦然。这种爱戴不管是出于藏民心底的对于本族首领的一种偏袒和爱怜，还是出于对他命运多舛、英年早逝的同情，他在藏民

① 王晶晶. 真实的仓央嘉措：一直被误读，从未被了解[N]. 中国青年报，2011-01-18.

② 周泽雄. 仓央嘉措：一副时尚纸牌[N]. 新京报，2011-04-16.

心中都是不可替代的。

与我们在网络上、书籍上或者其他大众传媒上所见到的诗人形象不同，通过实地的考察和采访，藏民眼中的仓央嘉措呈现出的形象相对真实。或许从他们的描述中，我们可以获知一个接近历史的真实的仓央嘉措。与此同时，我们也深感文化、语言以及大众传播等造成的种种误读。笔者在西藏地区与藏族同胞们谈及汉语文化圈使他们心目中的宗教领袖世俗化这一问题时，不少人均对此表示一定程度的不满。而身处汉语环境中的大多数人却对此浑然不觉，这无疑在很大程度上损害了不同民族之间文化的良性传播与交流。对误读这一现象，我们无法忽视和回避，只有正视它才能消弭交流的无奈。

本文通过第一部分展现汉语文化圈和传媒界出现的“仓央嘉措热”现象，采访部分受众，初步分析受众心理得出汉语文化中的误读现象背后的一些原因。其次，通过在拉萨的实地考察和对藏族青年的采访，辅以历史和文献中的相关资料，以期还原真实的仓央嘉措。通过以上两个部分，我们知道造成这种现象的原因众多，笔者在这里尝试将其梳理归类。简单来说，上述原因可以归为两类：

第一类为消极因素，比如语言、文化、宗教等，这些因素不直接导致误读，但本身是误读可能产生的前提。这一类因素大多是客观原因，要推进文化交流就必须排除这些客观误读因素。通过更多学者高质量的翻译和历史文献的挖掘，以及传播技术的发展，我们可以为解决这类问题提供良好的条件。

第二类为积极因素，如部分的随意解读、商业化、世俗化的需要等，这些因素直接推动了误读的产生和扩大。这一类因素大多可归为主观原因。这要求从事文化生产的工作者，要以更严谨的态度对待文本创作。即使当下仓央嘉措已被商业化、娱乐化和世俗化，文化传播者也要适当考虑传播效果和公共利益，而不能简单地迎合市场和大众。同时，受众阅读文化作品时也要注意区分艺术真实和历史真实。

同时，诚如第一部分所言，当下也有越来越多的读者由于“仓央嘉措热”现象而对藏族文化产生了浓厚的兴趣。我们也乐于看到越来越多的中华民族传统文化受到在电子时代成长起来的青年的青睐。所以尽管存在着误读，这又何尝不是一种阅读的开始呢？

（作者均系暨南大学新闻与传播学院研究生）

消费空间、女性与互动仪式：关于西藏甜茶馆的历史与现在

陈律言（Chen Lüyan）　陈　芳（Chen Fang）
刘思雯（Liu Siwen）　王新林（Wang XinLin）
伍中梅（Wu Zhongmei）　徐　燕（Xu Yan）

藏族人民的生活与“茶”是息息相关的，从其有文字以来，茶文化就被记录在各种史料中，顺着徐缓的茶香，一直沿承下来。藏地有俗谚：“一日无茶则滞，三日无茶则病。”茶对于藏族人的重要性，由此可得一窥。在《滴露漫录》中也早有言明：“以其腥肉之食，非茶不消，青稞之热，非茶不解。”由于西藏地处高原，寒重，这种特殊的生存环境造就了藏族人特殊的饮食结构，以摄入牛、羊、乳制品等高脂肪、高蛋白的食物为主，而高寒的地理环境也不适合农作物生长，只有青稞等耐寒的作物才能在高原存活，这就使得整个藏区的膳食结构以高脂肪和粗粮为主，蔬果的摄入很少。这类食物粗糙油腻，不适合肠胃吸收和消化，而茶正好有清热解乏、去油腻及助消化的功效，这种天然的契合使得茶一入藏便深受喜爱。多年以来，茶文化也衍生为藏地文化中重要的组成部分，而独具特色的茶馆更是成了藏族文化的展演场。

一、茶马互市与甜茶平民化

据茶学家考证，茶叶发源于云南，茶文化缘起于四川。在《史记》、《汉书》中记载，西蜀的商人在秦汉之时已与康藏高原东部的莋都夷、牦牛夷等有着交换关系，以蜀中之茶换取莋马、牦牛等。[①] 据文字记载，藏族的茶史已有 1 500 多年，而高原上多数居民养成嗜茶的习惯，却是 7 世纪文成公主与 8 世纪金

① 央倩．论藏族茶文化[D]．中央民族大学硕士学位论文，2005.

城公主同吐蕃赞普联姻以后的事。《新唐书》有记录，中唐以后，吐蕃境内就已经有了许多汉地的产物，其中茶叶便是其中之一。茶“疏利”、“通滞腻”的作用使其盛行，中原的茶输往藏地后被称为“藏茶”或“边茶”，而藏区的马匹与土产则被源源不断地互市回中原。“茶马互市”肇始于唐朝，宋朝更是设立了“茶马司”一职专门管理边茶换马事宜，继承发展了唐朝以来的茶马互市；元朝一统中国，大修驿道，更加便利了茶马互换；明朝时期，沿宋制，设茶马司，将民间的茶马贸易纳入了国家制度中，实行纳马易茶制度，加强了西藏地方对中央的从属关系，边茶藏马的这种贸易关系一直延续至清、民国，长盛不衰。

藏区的茶从历史上看有许多类别，有颇受藏地贵族喜爱的中原砖茶、沱茶、茯茶，有印度倒卖入境的质差价贱的团茶，藏族人民还引进了能适应藏区高寒环境的一些茶，在林芝、墨脱等地进行种植。茶在藏区被进行了本土化的运用，清茶可独品，也可用来冲泡糌粑粉，同时他们还制作出了酥油茶和甜茶。相较于酥油茶，甜茶虽然也是藏族传统的食物之一，但是历史却要短得多，而且是舶来品。关于甜茶入藏的肇始，一直流传有各种版本，有人说是英国入侵西藏时，将喝甜茶的习惯留在了西藏；也有的说是受印度和尼泊尔的影响，因为那两个国家是甜茶的故乡。甜茶最初是富裕人家的饮品，也是待客的上品，因而甜茶在西藏的大城镇中占有重要地位。在拉萨，几乎没有哪一家离得开甜茶，也没有哪一家不会做甜茶。甜茶的做法与原料很简单，这种简单与高原朴素粗犷的生活内质相契合，将红茶熬制取汁，滤去茶叶后再配以奶和糖继续熬制，奶可以是鲜奶也可以是奶粉，糖可以是白糖也可以是冰糖，各家有各家的讲究。初期，人们像喝咖啡一样冲泡甜茶。但是，随着对于甜茶味道的不断摸索与改良，藏族人们有了一套他们自己熬制甜茶的方法：用柴火在炉灶里烧旺，就着旺火迅速烧开的甜茶味道更醇香。

虽然甜茶在西藏的历史只有短短一百年，而其背后的文化表征却是异常复杂的。从最初作为奢侈品而存在的甜茶，到20世纪20年代拉萨渐次出现的甜茶馆，再到现在在拉萨和日喀则等地随处可见的热闹的甜茶馆，这背后不仅有着饮食分布的改变，更有着许多文化认知的探索和观念的改变。

二、消费空间拓展与甜茶馆茶客的群体认同

“一般茶馆馆名招牌就挂在房门顶上，门的顶沿上垂着夏木

普。有些茶馆就在门口挂块藏饰门帘，外面的装饰仅此而已。茶馆内，在茶客方便拿到的地方，排放着一堆喝茶用的无花纹玻璃杯。……大部分茶馆里，摆放着简便的木质饭桌和板凳，除了这些必用东西外，茶馆里没有任何美观用具和吸引人的设施。”[①]拉萨最出名的一家“光明茶馆”，几乎每次去，都是满满当当地塞挤着人，那片昏暗喧闹，与外面晴朗明艳的世界是一种强烈的对比，一张张首尾相接的窄长木桌两畔挤满了人，晕黄的灯泡发着光从屋顶垂下，被桌上缓慢腾起的甜茶热气熏绕得朦朦胧胧，那一张张黝黑的脸庞，或默然静坐，抽着烟喝着甜茶；或冲着远桌的熟人高声而急促地打招呼；或微蹙着眉与邻座抱怨着生计，高扬和低沉的音调在逆光里此起彼伏，汇入喧腾，但是，又可以强烈地感到这种喧腾背后隐匿的缓慢生活气质，与整个城给人的核心感受是如此一致。拉萨的茶馆有些热闹但不能说是杂乱，因为在这里每个个体都可以自主地选择自我安置之道；有些茶馆则是喧嚣浮闹的，本地的老茶客有各自常去之地，他们知道，即使在表面上看上去趋同的茶馆，其实内在的氛围和客群的来源有很大差异，这种差异也就导致了在每个茶馆中的文化氛围、群体构成的不同。这种不同最直接的原因，与每个茶馆作为消费空间在延展过程中所采取的策略有关。

早期，藏民们将在外面吃喝的人视为没有家底的人。有这样一首民谚：“喝甜茶的说明家无酥油，吃烧饼的说明家无糌粑。”当时，多数藏民是很忌讳去甜茶馆消费的。随着甜茶馆的普及，泡馆成为藏族人民日常生活的一部分，茶馆也就采取了不同的宣传策略。有的茶馆提供一种藏区常见的娱乐项目“格尔让”来吸引年轻爱玩的藏族青年；有的茶馆还同时提供象棋和扑克来扩大茶客的年龄层次；有的茶馆装置了音响播放流行音乐以吸引茶客；还有的茶馆干脆安装了电视机和录像机来揽客；有些茶馆则是将店铺开在寺院周围专门给转经的老人供应甜茶。不同的宣传手段，使得每个茶馆有了明确的茶客群体。

弗洛伊德认为，认同是个人与他人、群体或模仿人物在情感上、心理上趋同的一个。[②] 每一个甜茶馆都有不同的竞争策略，这无形中建构了一个符合一定群体特质的文化场，他们在不同的

---

① 平措扎西，董引春．甜茶——离太阳最近的悠闲茶香[J]．民族论坛，2007（3）．

② 车文博．弗洛伊德主义原著选辑（下卷）[M]．沈阳：辽宁人民出版社，1989．

茶馆中的选择过程，其实是选择一个与自己相契合的群体所在的文化场的过程，也是一种交往方式的选择过程。这种选择，最终会随着交往的深入与固化而成为一种群体认同。转经老人常去的茶馆，多数是安静的、离寺庙近的。转经的人们会结伴而至，边喝甜茶边讨论些朝拜的事情，伴随着阵阵轻声念经文、转念珠或者转动转经轮的“嗡嗡”声，整个茶馆内的氛围缓慢而平静。有些在机关上班的人也会集聚在固定的茶馆内，安静地讨论些日常的事或者报纸上的新闻。而一般去有电视放映的茶馆的，多为乡下来拉萨务工的人员，在没活儿的时候，他们会找个热闹的茶馆，谈谈各自的见闻，顺便看看电视。

三、女性——甜茶馆中的“她者”

拉萨甜茶馆里的茶客几乎清一色都是藏人，偶尔会有几个游客掺入，有老有少。然而，藏族茶客中却鲜有女茶客的身影，这与藏族的历史与文化有关。长期以来，藏文化几乎都是在为男性统治者与男性历史人物树碑立传，而忽略了藏族女性这个重要群体，这使得藏族女性处于男性主流文化与汉族主流文化的双重边缘。而这种女性观建构的另一个影响因素，就是藏族人民所信奉的藏传佛教，在宗教上对男性中心主义观念进行了仪式性的固化。

“印度佛教对女性的认识经历了解救众生、制度化的男性中心主义、苦修厌世和解脱轮回的男女双身四个阶段。而六、七世纪传入西藏的大乘佛教处于第三阶段，所谓苦修厌世，正是佛教中男性中心主义泛滥，丑化和歪曲女性，从本质上否定女性的社会价值。”①由于主要受大乘佛教的影响，藏区社会对女性都持一种轻视和批判的态度，女性没有独立平等的人格地位。藏族的第一部法典《十善法》明文规定：“勿听妇人之言”，妇女不得参政；而《十三法典》和《十六法典》中明文规定女性是低等人。② 正是这一系列的历史文化原因，女性在许多场合中成为一个被规限的“她者”，成了许多场合的禁忌式存在。甜茶馆这种公共空间也不例外。

在甜茶馆出现之初，除少数娼妓外，绝少有女性进入。20

---

① 陈果，胡冰霜．论藏传佛教对藏族女性性别角色的影响[J]．湖北民族学院学报（哲学社会科学版），2006（5）．

② 才让．藏传佛教民俗与信仰[M]．北京：民族出版社，1999．

世纪40年代，有家非常有名的茶馆叫“穆江夏”，当时从这家茶馆里就流传出这么一首歌：“甜茶馆穆江夏里，有俏丽奴增萨珍，请你莫要伤心哟，马上就到你的身边来。”①然而，随着20世纪50年代甜茶馆的转型，甜茶馆成了一种文化交流传播的集散地，甜茶馆也渐渐被藏族人民所接受，并且融入了日常生活之中，这也为甜茶馆对妇女的解禁提供了契机。20世纪80年代后，甜茶馆对女性基本解禁，为男女茶客在这里的交流提供了一个很好的平台，藏族人不再将出入甜茶馆的女性归为轻浮之人，茶馆也渐渐成了年轻男女相识恋爱的一个重要场所，女性在甜茶馆中作为一个“她者”的身份发生了转换。但是，如今可以在甜茶馆中看到的女茶客依旧不多，且多数为老茶客。这些上了年纪的女性老茶客多数是转经完毕后进入茶馆饮茶歇脚的，年轻的女茶客不多。究其原因，不再是因为社会对女性的宽容度不够，也不完全是因为男性中心主义在作祟，而是由于藏族男女的社会分工不同。藏族女性多数是操持家中事务和大部分农务，男性则多数外出务工。这样，男性在外劳作的空间性和时间性就为其提供了泡茶馆的间隙。所以，就会出现拉萨城中有固定职业的人会在上午去茶馆坐上几个小时的现象。在拉萨务工的人员，会在下午空闲时间来坐上一坐，下午偶尔也会有些学生和无业人员来喝上一杯甜茶，这时候藏族女性则甚少出现在茶馆之中。

这并非说藏族女性“她者”的观念已经在性别认知构成中完全消弭了，女性踏入甜茶馆这一禁忌的解除是打破这一思想阈限的第一步，而女性开甜茶馆则更是对传统偏见的一种颠覆，茶馆中穿着白褂子或者藏式长裙的女服务员也越来越常见。

四、甜茶馆内的互动仪式与族群认同

人类学中对仪式的研究早已将仪式从宗教中解放出来，仪式被放置在了日常生活的视阈中去研究。仪式作为一种社会文本，从这个视阈出发人们可以对社会文化中一些仪式空间的建构、仪式的社会功能的发挥、仪式结构性存在的意义有所了解。

甜茶馆是一个显性的“互动仪式”场，在这个场域的互动中完成了情感传播与民族认同。“互动仪式”这一词最早来自社会学家欧文·戈夫曼，“是指一种表达意义性的程序化的活动。从

① 平措扎西．拉萨的甜茶馆[J]．中国西藏（中文版），1999（1）．

本体论的角度来看，互动仪式是人类一种重复性、固定化、程序化的交流行为。从微观社会学层面看，人们特定的社会关系，是通过各种互动仪式形成和维持的”①。美国的微观社会学家兰德尔·柯林斯在《互动仪式链》一书中提出了互动仪式（IR）的四个组成要素：

第一个要素是：“两个或两个以上的人聚在同一场所，因此不管他们是否会特别有意识地关注对方，都能通过其身体在场而相互影响。”甜茶馆就是众人相聚的一个场所，人们之间或高声攀谈，或独自诵经念佛，或抽烟凝望，即使相互间没有可视性的显在互动，但彼此间每个个体的行为都会对整个环境造成某种或深或浅的影响，这种身体的在场就会发射出一种有影响力的磁场。

第二个要素是：“对局外人设定了界限，因此参与者知道谁在参加，而谁被排除在外。”每一个仪式都会有一种潜在的预设门槛，这种门槛可以是既定的具体规矩，也可以是约定俗成的一种习惯。如第二部分所提及的，在消费空间拓展的策略性过程中，每个茶馆不同的宣传风格吸聚了不同的茶客群体，这种群聚在时间中被固化，在无形中就形成了一定的熟人圈，这个隐性的圈际界限，便构成了互动仪式中的预设门槛。

第三个要素是：“人们将其注意力集中在共同的对象或活动上，并通过相互传达该关注焦点，而彼此知道了关注的焦点。”在甜茶馆中每个小群体的集聚都有其共同的焦点——话题。老年茶客会一起讨论朝拜之事；在放电视的茶馆中，茶客会聚集讨论电视中的情节；互相熟识的茶客会讨论彼此的近况，这些都是互动仪式的枢纽所在。

第四个要素是：“人们分享共同的情绪或情感体验。”甜茶馆中，人们共同的话语焦点，共通的话语氛围，共有的话语解读，这些最后总是比较容易形成情绪或情感体验的共识。

互动仪式带来的最直观的结果就是“情感互动”。美国的情感学家诺尔曼·丹森在其《情感论》中提到：“情感互动是一个相互作用的过程，它把两个或两个以上的人结合在一个共同和共享的情感体验领域之中。”互动仪式衍生的情感互动成了族群认同最强力的黏合剂，在甜茶馆的互动中创造了共同的情感和符号，形成了与情感符号相关联的成员身份感和集体归属感，也为

---

① 张兵娟．互动仪式中的情感传播及其建构——以《中国好声音》为例[J]．新闻爱好者，2012（12）．

民族认同和民族团结提供了基础。

五、结　语

甜茶不仅是藏族传统饮食文化的可见载体，甜茶馆的出现更是建构了一个公共的空间。在这个空间里，几代藏族同胞们共同构成了一幅独具特色的茶文化景象，酝酿在甜茶中的每一缕茶香都交错着藏族独特的文化记忆，是其传承、流变的见证，也是其文化内核最强的凝聚力所在。

（作者均系暨南大学新闻与传播学院研究生）

八廓南街 16 号：且行且远

刘 晗（Liu Han） 张素杰（Zhang Sujie）
常宇星（Chang Yuxing）

拉萨，对于摄影爱好者以及纪录片导演来说，是不可多得的圣地。天然的直射光线，加上清新的空气，相比雾霾严重的都市，就像相机拍照时使用其自带的增强对比度功能，虽比照鲜明，却不突兀。温暖的阳光下拍摄出的各色美丽光线，是那么的自然。大自然的美在这里体现得淋漓尽致，任何一次的快门松放，都使一幅幅美丽的“油画”被定格了下来。

因为优美的光线和独特的风土人情，西藏地区的纪录片不占少数。《西藏一年》、《真实的西藏》、《美丽中国——西藏篇》等都是国际上赫赫有名的纪录片。其独特的视角，丰富的故事，加上美丽大气的风景，共同构成了西藏纪录片的经典以及纪录片独特的符号。而当纪录片人谈起西藏纪录片的发展之路时，有那么一部纪录片似乎与其他的都不一样，令我们无法忽视。有意思的是，这部不能忽视的纪录片在人民大学公映时，放映到最后只有五个人留了下来。而同样的，这样一部无聊透顶的纪录片，却获得了 1997 年法国蓬皮杜艺术中心“真实电影节”的首奖，这也是中国人第一次在世界纪录片影展获得首奖。不同于以往典型的西藏纪录片，微观的视角以及直接的电影手法构成了本片特殊的叙事风格。这就是西藏纪录片历史上最浓厚的那一笔，由段锦川在 1994 年拍摄的纪录片——《八廓南街 16 号》。

“八廓南街”是拉萨的地名。为了寻找此片拍摄的当事人，以及此片的八廓南街 16 号，暨南大学新闻与传播学院拉萨调研组特地对这个纪录片的发生地以及当事人进行了调查采访，以探求纪录片对当事人的影响以及拍摄地的变迁情况，以纪录片为视角，来观察西藏这 20 年来的变化。

一、回忆：《八廓南街 16 号》的惊喜

似乎《八廓南街 16 号》这部影片永远和“惊喜”二字搭不上边。所有给予这部纪录片的评价无非都是两个字——“琐碎”。18 盘录像带，400 分钟的素材，成片全长 100 分钟，片比为 4 : 1，说的全是家长里短。影片关注的是位于拉萨市中心八廓南街的街道居委会的一切事务。没有拍摄西藏的蓝天白云，没有老鹰和布达拉宫，只是把镜头对准了生活在此间的人群，在影像中表现了人们真实的生存状态。导演段锦川像“苍蝇”一样在墙壁上进行观察，却不介入事件的发展，就像一个隐身的角色一样，穿插在影片当中，构成影片独特的元素符号。导演利用“直接电影”的特性，完美地呈现了拉萨 20 世纪 90 年代居委会的真实状况，不管是对于那时候的拉萨来说，还是对于我们更好地认识拉萨来说，都是不可多得的珍贵素材。

惊喜不光来自段锦川“直接电影”的拍摄手法，还在于其独特的拍摄视角。段锦川导演在之前拍摄了《青稞》和《蓝面具供养》两部纪录片作品，这两部纪录片一部是观察西藏地区惯有的植物的，一部是关注藏区文化——藏戏的，两者都从微观视角出发且具有代表意义。而第三部纪录片《青朴——苦修者的圣地》中的“青朴”则是传说中莲花生大师修炼的地方。浓郁的藏区文化和藏区元素相互交织，构成了其早期的纪录片特点，并体现出了这样一个地域对他的触动。西藏从来都是中国母亲身体上最敏感的部位之一，而段锦川显然触摸到了。

在拍摄《八廓南街 16 号》时，段锦川同时也在制作关于藏区人民视角的一些影片。在一部影片中，他又一次从微观视角出发，以卡车为主角，记录了当时在藏区难以见到的卡车在本地区的使用情况。段锦川习惯于用以小见大式的观察和拍摄手法，习惯于将藏区文化与内地的生活文化进行对比，习惯于反差的描述。他认为，这可以表现出西藏生活的社会变迁。这些影片延续了他对西藏的认识，其中不乏典型的“西藏画面”。

《八廓南街 16 号》相对比段锦川其他的纪录片来说，似乎冷静了不少。在这部纪录片中，导演并没有用浅层的民族元素来吸引受众，由此避免了将西藏符号化或简单的图解化，从而表现出了一个相对特殊的地域在中国社会良性运行中的一种真实状态。

二、荣耀：里程碑式的《八廓南街16号》

在20世纪90年代，纪录片的理念在中国似乎还没有得到正确的认识，人们似乎还分不清宣传片和纪录片的本质区别。在专题片、宣传片盛行的情景下，也正好是中国电视改革的黄金时期。1993年，中央电视台史诗性地开办了《东方时空》。这个类似于杂志的新闻节目从播出伊始便产生了广泛影响，有研究称这个节目直接改变了中国观众早间不收看电视节目的习惯，被誉为是“开创了中国电视改革的先河”。

从大环境上来说，这一时期的中国社会也正处于急剧的改革转型时期。从社会结构到体制，以及人们的道德观念和对于法律制度的认识，人们的价值体系等，都发生了或正在发生着一些变化。作为个体的人，既是参与者，又直接或间接地受到了这场变革的冲击和影响。

这一时期对于纪录片的发展来说，也发生了翻天覆地的变化。纪录片的视角越来越大众化，镜头慢慢地从构建英雄主义情节转向了拍摄底层的小民众上。人们在电视上看见了自己的影像，更加关注电视节目，影像传播得到了空前的繁荣。

在独立纪录片方面，随着技术的进步，独立纪录片突破了媒体的束缚，开始寻求自我思想与灵感的结合点。他们多数以哲理性为主，反思社会的变迁情况。在当时变革的社会时期，也有很多不可复制的好题材。《八廓南街16号》就是这么一部纪录片，它以个体化的行为艺术和社会阐释，最终达到了政治隐喻的高潮，也就是全片的结尾——庆典。

《中国新闻周刊》曾对导演段锦川有过这样的采访：“很多人认为，‘新纪录片’与过去的‘宣传片’的最大区别就是把关注的焦点从大而无当的概念或者英雄人物转移到普通平民，甚至是弱势群体、边缘人群。实际上，这只是关注对象的转变，而不是‘新纪录片’的实质。”那么，段锦川所理解的纪录片实质是什么呢？要解答这个问题必须从纪录片的特性出发。纪录片是现代国家的“史记”，它为某一个时代留下一份忠实的影像档案，这个是纪录片的最基本的要素。作为一个纪录片导演，段锦川在接受《中国新闻周刊》这次采访中也表达了这样的观点：“‘新纪录片’的出现，只有一个核心的、共同的目标，就是要讲真话，尽最大的努力去追寻事实的真相。没有信仰，没有坚持，在任何代价都不用付出的情况下，（小人物）就会成为一群随波逐流的势利之徒。”因此，《八廓南街16号》在段锦川的手里，变得异常真实。他为了让居委会的人们对镜头不敏感，努力地与居委会的工作人员打成一片，完全融入居委会的工作生活中。

段锦川曾公开宣称，他一向关注的是主流社会，他关注的是一个社会中占支配地位的力量对一个社会的影响。这种态度也使得《八廓南街16号》中显露出的是与很多矫揉造作的作品迥然不同的现象。在这一点上，他显然受到了美国纪录片导演怀斯曼的影响。怀斯曼对公共机构、社会权力运作的表现，那种隐藏拍摄者、排斥非现场音响、以剪辑来体现主题的风格，都在段锦川的《八廓南街16号》中有充分的显现。

为了探求纪录片当时的场景，以及与现在的西藏所发生的巨大差异变化，找寻西藏在这20年间所发生的重大变化，并以此来描绘我们眼中的西藏，我们以纪录片为入口，探寻旧地，了解西藏。

三、寻找：八廓南街16号的前世今生

《八廓南街16号》拍自1994年，将近20年之后，我们重访八廓南街16号旧址，从点滴的不同中来对西藏在这20年中所发生的变化以管窥豹。

20年以前，西藏的阳光灿烂。与如今有很多本土风情的店不同的是，当时的摊位是整整齐齐地摆放在路边的，宽宽的路，路的尽头是高高的土黄色的山，阳光一泻而下。这些摊位的摆放者不像现在这样有来自全国各地的人，那个时候大多数是藏民，他们的日常交流用语是藏语。20年以前，与如今相同的是，街上依然有各种要去大昭寺朝拜的人，虔诚地全身跪拜；也有在阳光下转着经纶、嘴里不停诵经的老人，能看到被太阳晒得黝黑的皮肤，深深的皱纹刻在额头、刻在笑开时的嘴角。

找到八廓南街16号旧址，颇费了我们一番周折。

现在的八廓南街16号，已经变成了一个民警办事处。门口没有门牌号，我们依着周围门牌号的顺序，推测这个民警办事处就是八廓南街16号的旧址。

推门进去，想问一下这里以前的情况，年轻的民警热情地接待了我们。他告诉我们，来这里问他这里是否是八廓南街16号的人很多，大概这里就是八廓南街16号的旧址。

后来当我们抱着一线希望，想要问一些上了年纪的人八廓南

街16号这些年的变化时才知道，这个民警办事处，其实并不是八廓南街16号的旧址。

两位当地的老人看到我们核实八廓南街16号的情况时，很热情地主动走过来告诉我们，原来的八廓南街16号的位置就在离民警办事处不远的马路对面，距离不过10米左右。

走进八廓南街16号旧址的院子，是一个由三层古旧民居一样的旧式楼房围成的四合院。一楼的墙已经被岁月剥蚀。门是锁着的，一楼没有居民居住，二楼和三楼有一些早年就已经住在这里的居民。居委会搬走之后，他们就把住所也搬到了二楼居委会以前开会的地方。

一楼空空如也，门锁锈蚀。院子的中间位置，有一个老式的水管。透过窗户和门缝，可以看到屋子里有一些破旧的家具，比如沙发、椅子之类。虽然拉萨是“日光之城”，这里却因为楼层太高，日光无法到达，所以院子里一半阴凉一半耀眼。一位上了年纪的老人就坐在二楼的日光之下，拄着拐杖看着我们，一言不发。

双手遮住两旁的日光，望向一楼已经好多年没有人居住的屋子，再想想《八廓南街16号》里热热闹闹的场景，日常的你来我往，还有导演对于矛盾毫不避讳的平实展现，突然就有了一种物是人非的沧桑感。时间像是一个魔术师，不给我们看这中间的过程，直接让我们在欣赏完这座楼所带给我们的热闹亲切之后，给了我们一种如此破败的建筑之沧桑之感。

老人70多岁了，对于往事已经记不清了，只是模模糊糊地告诉我们，这个楼在新中国成立之前就有，之前是一个大地主住的，后来地主被批斗了，他们就搬过来了。当时二楼的一部分和三楼是民居，居委会就在一楼和二楼四面中的一面楼内办公。

闭上眼睛，可以想象当时的热闹景象。人来人往，特别是早上，上班的居委会工作人员、楼上洗漱的居民，还有来办事的拉萨市民。整个院子里应该是嘈杂的，水声、烧饭的声音、走路的声音、开关门的声音、说话的声音、打招呼的声音以及笑的声音交织在一起，可以想象到空气中阳光的味道和着饭菜的香味肆意乱窜，亮闪闪的阳光打在每一个上楼的人的身上，和谐而美妙。

几经周折，我们打听到了居委会现在在一个窄窄的巷子里，与原来的八廓南街16号旧址相距大概两公里。新的八廓南街16号有西藏风格的大气、崭新的大门；院子里，阳光可以射到每个角落。我们走进去，几个居委会的工作人员正在说话。

问起当年《八廓南街16号》的拍摄情况，几个中年的居委会工作人员仍记忆犹新，却不愿意对我们多说什么，只是说当时拍过，并推辞说当时参与拍摄的居委会工作人员已经不在现在的单位工作了。于是，采访就此中断。

我们只好折回，来到两公里远的八廓南街16号旧址。老人依然在那里坐着，对于我们问的问题，虽然在年代上对不上号，但是他每次的回答却是一样的。楼上年轻的一位住户告诉我们，在20年前，西藏的交通还很不发达，当时通往布达拉宫的路只能顺着八廓南街往前走，然后过了一座桥就到了。20年前，这位年轻的小伙子还是个小孩子，才五六岁，经常跟居委会的叔叔阿姨一起玩，居委会的工作人员都认识他。当我们问及他在纪录片里是否有露脸时，小伙子腼腆地笑着摇了摇头。

四、记忆：西藏20年

当年的小孩子，被居委会的工作人员抱在腿上宠爱的小男孩，如今自己也已经有了孩子。当年的中年大叔，如今的记忆已经有些模糊，每天坐在阳光下，望着来来往往的人群，或许会想到自己所经历过的时光。

20年来，西藏的变化，又何止是一个八廓南街16号？

我们走在街上，很多藏民已经不再只穿藏袍了。很多藏民穿着厚厚的冲锋衣，如果不是看他们黝黑的脸和藏民独特的五官，你甚至察觉不出他们和其他省份的人有什么区别。在大昭寺的周围，至少有3家德克士。无论是在面馆、饰品店还是书店，人们即使不认识汉字，也可以流利地用普通话与游客交谈。

在回来的火车上，一位自小就在西藏居住的河南女孩告诉我们，在她很小的时候，有很多去圣湖、圣山、大昭寺、布达拉宫朝拜的人，他们就那样一路用全身心去敬仰，路过的好心游客给他们钱，他们是不要的，他们只要粮食。

若不是我们远离了闹市的繁华，看到这一望无垠的蔚蓝天空，看到那么纯净的云，看到一路上或是碧绿清澈，或是蓝得像水晶一样让人心醉的湖，我们很难相信，还有如此纯粹地信仰着它的人。

西藏人一生的大部分积蓄都花在了信仰上。西藏人很少存钱，有了钱就会装在随身的钱袋子里，随时可以花光。西藏人的寄托不在钱，不在生活，而在一种精神。西藏人一辈子用很多年来朝拜圣山，用很多年来朝拜圣湖，剩下的时间则用来坐在门口转经。

来到西藏，突然精神无所归依。之前的价值判断在这里完全消失了，精神世界一片茫然。这里会让一个一直相信奋斗、相信努力、相信证明自己的人，突然相信只要维护好精神的平静便可矣。

“一方水土养育一方人”，也许正是因为这纯净的天，这纯净的云和水，因为这走不完的高高的山，人的心里才觉得安定而单纯。但是因为眼前重峦叠嶂，人就必须找到一个依靠，西藏人民选择了宗教，宗教是他们唯一的价值判断。

从平时的接触与交往中，我们可以感受到藏民的真诚、淳朴和热情。只是，受外来“文明”的影响，许多藏民也开始对于金钱的价值有所认识。

淳朴的文明之所以淳朴，是因为之前她单一的环境。但是在20年之后，当这单纯的环境，受到交通、文化等各种因素的影响，也开始加入全国化甚至全球化的时候，这种文明要延续下去就确实要好好想想对策了。因为之前的单纯，可能只是因为“未经世事”，而不是“曾经沧海”。在外界环境和文化的冲击下，西藏人民应该保留什么，应该摒弃什么，令人深思。

五、结语：变革社会中的纪录片

纪录片被誉为当代社会的《史记》，在《八廓南街16号》这部影片中就可得以体现。影片恰到好处地运用了“直接电影”的拍摄手法，在微观中客观地记录巨变中的拉萨。这对于中国的政府和民众来说，都具有巨大的保存价值。从纪录片中窥视现实的社会问题，从纪录片中理解社会的发展道路，对于我们更好地认识整个社会和调查拉萨的市民群体都具有极大的价值。

在网络新媒体时代，纪录片相对于其他片种来说，更能体现其价值。不同于其他传统媒体的片种，纪录片在现代裂变式传播的过程中，更容易拍摄，更容易传播。拉萨街头，不管是藏族同胞还是国外友人，摄影摄像设备、剧组随处可见，这使得拉萨地区的文化得到了更进一步的传播。但是，对于文化来说，裂变性的传播方式，浮躁的短镜头、快剪辑能不能够更好地传播藏区文化？抑或久而久之，藏区淳朴的文化是否会在潜移默化中被快餐文化所同化从而引起质变呢？

采访完后，我们坐在拥有各式人种、各色人群的光明港琼甜茶馆品甜茶，结束了我们的八廓南街之旅。这个以包容性著称的古老甜茶馆就坐落在拉让宁巴的旁边。喝着甜茶的我们看着来往于大昭寺的人群，不禁想道：现今这个浮躁的社会，还有多少人愿意拍摄类似《八廓南街 16 号》这样充斥着长镜头、慢节奏的纪录片？这样的纪录片在市场化的今天，又有多大的传播力？当理想的文化记录在市场和受众之间产生博弈，拉萨这片沃土是否也会变成直接纪录片的坟墓呢？

不仅对于纪录片，我们对于此次西藏之行也思索了不少，先前的纯粹已经被外来的游客、无孔不入的互联网、四通八达的交通所打扰，而慢慢地发生着变化，当这种淳朴和文明已经有着微妙的改变时，我们是该一味保持自己，还是与外界融合？在融合中又该如何定位自己呢？

（作者均系暨南大学新闻与传播学院研究生）

微茶座

化麦子 凯旋之后忆调研

课题组 感悟拉萨

——“微博体”调研手记

凯旋之后忆调研

化麦子（Hua Maizi）

在布达拉宫脚下向市民发放问卷，在西藏大学的草地上看藏族学生秀藏文书法，在西藏电台里参观藏语电台的节目制作流程……2013 年 10 月 29 日至 2013 年 11 月 7 日，暨南大学新闻与传播学院中国形象全球调查拉萨组的研究生们，踏上了海拔 3 680 米的高原城市——拉萨，展开了为期近 10 天的调研。在近 10 天的调研期间，调研小组走上街头发放问卷，走进社区采访市民，走进研究所、大学搜集资料。“收获颇丰”、“开阔了视野”是此次参与调研的新传学子在总结调研活动时最常提到的一句话，这是暨南大学新闻与传播学院实施研究生专业能力培养的重要举措，实践新闻业务、促进民族间文化交流。同时，此次调研也是新闻与传播学院开展的“全球舆情调研”的一部分。

一、在海拔 3 650 米的城市做“记者”

10 月 29 日中午，飞机降落在拉萨贡嘎机场。调研小组中，有的扛着摄像机，有的背着单反，还有的随身带着录音笔，这群“记者”们对即将开始的采访调研活动感到无比兴奋。

此次调研小组有 18 人，分为 3 个小组——市民组、青年组以及媒介组，分别负责拉萨市民媒介素养、西藏青少年媒介素养以及电台从业人员媒介素养的调研。不过，在拉萨做一名记者并非易事。高原反应是调研小组成员需要面临的一个问题。这是一座平均海拔在 3 650 米的高原城市，氧气含量仅为低海拔地区的 60%。“走路不敢太快，太快会喘不过气来！”这是刚到拉萨时多数队员的感受。本次调研活动的总负责人刘爽记得：到拉萨之后，每一位成员或多或少都出现了高原反应，因此整个团队进行了短暂的休息和调整。媒介组在对西藏人民广播电台进行调研时，有幸跟随电台编辑部主任参观了整栋编辑大楼。媒介组成员杨伟龙全程带着一台摄像机进行影像记录，他说："扛着摄像机上楼下楼，还不停走动，一路都气喘吁吁。"

身体不适并不是唯一需要克服的困难，语言也成为调研活动中的一大"障碍"。市民组在进行"市民媒介素养"调查时，需要走上拉萨街头向藏族市民派发问卷并进行简单访问。"藏族的市民大多汉语程度不高，我们需要很详细地解释问卷内容，所以第一天派发问卷进行得很慢，只完成了30份问卷的派发。"组员刘晗清晰地记得第一天派发问卷的情况。这样的进度要完成第2小组300份问卷的派发势必会耗费大量的时间和人力，因此通过讨论，市民组请来了两位西藏大学的藏族学生作为志愿者帮助翻译，交流的问题才得以解决。

在此次调研中，整个团队完成了10小时的视频拍摄、上千张图片的拍摄、5个人物专访和700份问卷的派发。

二、在拉萨感受西藏发展的脉搏

"完全没有想到西藏人民广播电台对新媒体的发展和利用如此有前瞻性！"这是此次调研媒介组吴侠在参观完西藏人民广播电台之后最大的感受。媒介组的调研课题是"西藏人民广播电台新媒体利用现状"，他们重点参观了西藏人民广播电台的编辑大楼；针对电台全体员工发放了百余份问卷，以调查电台从业人员的新媒体素养；深度访谈了电台副台长、总编辑以及新媒体中心的工作人员，了解到电台新近推出了一款手机客户端。

"调研结束后我感觉受益匪浅，西藏人民广播电台在新媒体方面的发展完全出乎我的意料，特别是他们对手机客户端的开发和宣传在全国都算走在前列。"吴侠是暨南大学新闻与传播学院广播电视系的学生，研究方向是广播。她说："亲身到西藏人民广播电台参观和访问对我来说是一次很宝贵的机会，让我可以近距离地感知西藏广播媒体发展的现状，并获得最鲜活的一手资料，对我今后的研究很有帮助！"

市民组对于能够亲身到达一些重要事件的发生地进行实地调研也很重视。作为调研课题的一部分，他们回访了八廓南街16号大院——此处是西藏第一部反映拉萨群众生活的纪录片——《八廓南街16号》的诞生地。"之前就有听说过这部纪录片对西藏纪录片的发展有非常重大的意义。这次终于有机会亲自来看看，我们都很珍惜这次机会！"

《八廓南街16号》是中国纪录片在世界纪录片影展获首奖的

第一部作品，所以在中国纪录片发展历史上有着较高的地位。“我们小组这次的回访主要是想了解20年后的今天八廓南街16号是什么样？有哪些变化？我们问了民警和不少居民才找到大院，并有幸采访到了两位大院的居民，获得了很珍贵的资料。”市民组组长梁坤介绍道。

三、在藏地了解“陌生”的藏族文化

青年组的主要调查对象是西藏大学的大学生，因此调研期间的主要活动范围也是在西藏大学校园里。青年组在西藏大学派发了300份问卷，调查西藏大学生的媒介素养；同时，他们还在西藏大学里随机采访了近40名学生，以了解西藏大学里藏族学生同汉族学生交往的现状。

“我们在藏大也算是‘小有名气’了！”青年组的成员陈芳说，小组在西藏大学派发问卷时基本上访遍了学校的各个院系，同时也访谈了不少学生。“他们非常热情，这让我们在西藏大学调研期间很开心！”

在做藏文书法的专题调研时，青年组的成员采访到了西藏本地的藏文书法家，老师们向调查者介绍了不少藏文书法的知识。青年组组长陈律言拿着一副藏文书法老师赠送的藏文书法作品说：“这上面是我的名字！之前对藏文书法不太了解，这次调研后对藏文书法以及对藏族文化都有了更深入的了解！”而对媒介组的成员来说，他们深入了解藏族文化的窗口则是通过《格萨尔王传》专题以及仓央嘉措专题。媒介组成员兵分两路，分赴西藏大学文学院和西藏自治区社会科学格萨尔研究中心进行调研，分别采访到了就读于西藏大学的最年轻的格萨尔说唱艺人斯塔多吉以及格萨尔研究专家次仁平措。专访斯塔多吉的严艳说：“当我在采访斯塔多吉之前，对此类托梦传授史诗并不是太相信。但是采访之后，我被这样的文化深深地吸引了！”

本次调研基本围绕西藏普通民众以及媒介从业人员媒介素养的主题展开，同时，通过访谈和调查对西藏文化的传播做一个现状的掌握和分析。“我们调研既有新闻业务层面的经验总结，也有传播学术层面的探讨和思考。”刘爽回到广州后，如此感慨。

此次活动的发起者和策划者，暨南大学新闻与传播学院常务副院长支庭荣对本次活动给予了高度肯定。据悉，调研活动将成为一个长期固定的项目继续开展，为我院更多的学子提供实践、学习的机会。此外，调研活动结束后，成员们以撰写论文、通讯，制作画册、视频的方式，对调研期间的成果和收获进行总结，以进一步呈现新闻专业实践的成绩。

（作者系暨南大学新闻与传播学院研究生）

感悟拉萨

——“微博体”调研手记

■课题组

从2013年10月28号出发到11月7日回广州，将近十天的拉萨舆情实地调研活动圆满结束了。暨南大学新闻与传播学院的18名研究生在拉萨就市民的新媒体使用情况、西藏大学生的民族认同情况、西藏人民广播电台的新媒体发展情况等议题进行了深入而广泛的调查研究。大家或是在拉萨街头与市民互动，或是深入社区感受风土人情，调研、采访了众多相关人员……辛勤地开展相关调研活动，获得了大量的一手资料，在这个过程中，大家也体味到了社会调查的艰辛与不易。

当然，工作之余我们也领略到了西藏的美景。古语有云：一切景语皆情语。在十天左右的时间里，队友们互相帮助，团结友爱，结下了深厚的友谊。这里，我们试图以微博墙的方式，向大家展示我们在工作之余的一些见闻和感悟。

@吴侠：

去之前幻想在草原上、蒙古包旁，手里拿着洁白的哈达，围着篝火跳新疆舞，双手捧着酥油茶，大口干着青稞酒，面目狰狞地啃着烤羊肉，老爸说你去天边我都不会管。去之后才想起来，原来这里是西藏！没有草原、蒙古包、新疆舞、烤全羊，酥油茶不好喝……但我真的到了天边耶！

@李丹青：

拉萨很小，有些目的地走路便到；果蔬很少，常为便秘苦恼；温差很大，晚起早睡躲进被窝；正阳很毒，辣得睁不开眼；藏语很难懂，沟通不畅都想比手画脚、手舞足蹈……但这些和所见所感相比，根本不算什么。清澈见底的拉萨河、美到窒息的天山、牧场成群结队的牛羊、蔚为壮观的布达拉……且行且忆，且珍惜。

@ 化麦子：

我记得有一天早上，我在拉萨大昭寺门口晒太阳，看着满街的当地人来来往往，我突然觉得，我来拉萨不是来寻找什么心灵的慰藉，寻找那些所谓的神圣，我只是逃离一个让我觉得疲惫和些许厌倦的地方，到一个完全陌生的环境，以一种疏离的“他者”身份看别人的疲惫和厌倦。而这一刻，我什么也不用做，只是晒太阳就已经很好……

@ 杨伟龙：

在西藏留恋多天，看着形形色色的朝圣者，没有信仰的我们很难理解佛教的魅力，但可以肯定，佛教让藏民得到心的慰藉，“此身不向空门度，更向何处消此业”。这信仰是好事，看着藏民们脸上盛开的高原红，望着他们热情好客的眼睛，感受他们对僧侣乞丐的帮助，你会明白，佛教让他们变得善良淳朴，有大爱，这就够了。

@ 刘爽：

抛开拉萨的美景不说，三位组长@ 吴侠、@ 陈律言和@ 梁坤，以及每一位参与调研的小伙伴都是 Cao 厉害的 ~ 虽然前几天有人病倒了，虽然拉萨冬天的夜晚着实冰凉如水，虽然采访调研碰了不少壁，走了不少弯路，但小伙伴们还是很好地完成了任务。回想起来，旅程就像拉萨的日光一样，照在脸上，暖在心头。

@ 林逸康：

再看与暨大同学到西藏调研的照片，仍是一阵赞叹！ 最美的可以数羊卓雍措了，天和湖都是我最爱的蓝色。 下次再见！蓝色的西藏（ps. 羊卓雍措与纳木措、玛旁雍措并称西藏三大圣湖，下次得把这几个圣湖都看遍）。

@ 严艳：

拉萨的天空很蓝，纯净与纯粹，云特别白，一簇一簇，一团一团，青山上面总有一面覆盖着白净的积雪，蓝天白云青山绿水，令人震撼，让人享受其中。 拉萨的宗教文化底蕴深厚，一切的一切都是那么令人向往，但我们是否适合生活在这片地方，因人而异，旅游意义之一在于清晰认知自身适宜生存的环境。

@陈律言：

拉萨，这座城，无数年轻人嚷着生命中一定要有一场“繁盛的抵达”的圣城，我们终于也来了。十天左右的行程中，我们始终是一种文化异质的存在，毕竟，我们是带着既有的文化记忆所预设的一种视野倾向而来的，这让我觉得从始至终都是在与这座城擦身而过。直至离开才明白，为何而来，这座城已经给了我答案。

@徐燕：

记得刚刚适应了3 000多米的高度，走出旅馆去到八廓街，看着不宽不窄的石板路上成群的藏民拿着转经筒、叩着长头，一脸虔诚地绕着大昭寺行走。坐在路旁看格外热烈的阳光洒满整个广场，人们次第由远及近而来，不慌不忙，不紧不慢，他们没有目标，但脚步却没有丝毫犹疑。这样的情景，我始终觉得只能被描述，而不能被评论。

@陈芳

雪域圣城、日光倾城，这些竟让我萌生了想长期留在拉萨不想走的“赖皮”想法。我似乎对藏式食品有着不可言说的喜欢，虽是第一次接触，但融洽得似乎千百年前就已熟知它的味道。（@思雯：谁让你长得像他们佛祖呢？）那一声声笨拙却又兴奋的“阿架（姐）”、“托吉起（谢谢）”，犹如小组同唱《再见》：这些日子在我心中，永远都不会抹去……

@刘思雯

拉萨这座城，苍凉且神奇。时间在这里放慢了脚步，人们的脸上记载着日复一日的故事。风餐露宿的朝圣者，不懈地用身体去丈量着大地，他们日复一日地念经、朝拜、祈祷、驻足，用他们真诚而清澈的眼眸，默默地凝视着这里的文明。在喃喃的祈祷中，我独沉浸于雪域的阳光和鲜红，是它们让这片沉寂变得繁忙而有生气。

@伍中梅

我知道，大家以后会把在拉萨的这一小段时光拿来温柔地回忆。和鹅大姐@徐燕躺在床上生病的时候，我就知道这会是个好故事。在旅馆楼顶晒太阳，在木如康桑吃肉丝面，来来回回反反复复出现在藏大校园里发问卷做采访，夜里个个实力派演技玩抵抗组织，非常平淡不惊，非常独家记忆，非常荣幸是其中一员。

@王新林

照片留下的不只是回忆，而是想重返的欲望。到了这里，最蹩脚的摄影者都能拍出美不胜收的画卷。清澈的蓝天，带上“雪帽”的山峦，巍峨的布达拉宫，风中摇曳的风马旗，涌动的红色僧袍，匍匐叩拜的信徒都诠释了拉萨独有的魅力。感谢一路同行的伙伴，经历的美景、欢笑和友谊将是我人生一段最美好的回忆。

@刘晗：

蓝蓝的天空，洁白的雪山，淳朴的人民。尽管他们都还不太会说普通话，尽管他们的生活习性与我们完全不同，但采访中让我惊喜并感动的，是他们真真切切的真情。虽然素不相识，但临走时的一句句“欢迎再来”打动我心。在拉萨的你们，都还好吗?

@常宇星：

总想起在拉萨的美好时光。真的，那些淳朴的笑容，热情的话语，以及那纯净的蓝天白云，让我在想起时嘴角会情不自禁地上扬。你是不是也一样?拉萨十天，带来的影响却是一生难忘。

@张素杰：

蓝天，白云，祈祷，转经——这就是一个普通藏人的生活。也许，当我们抛开繁忙的工作，在这里，能找到另外一种生活的哲理。勤恳也许不是唯一的标准。

@韩依民：

感谢热情的拉萨人，感谢同队的小伙伴，最难发的问卷我们也发了，不问过程如何，最终我们都做到了。难忘西藏的蓝天白云和雪山，难忘色拉寺树下的辩经，难忘羊湖醉人的美。天、地、人，皆纯粹。

@梁坤：

“那一日/我闭目在经殿的香雾中/蓦然听见你诵经的真言。那一月/我摇动所有的经筒/不为超度/只为触摸你的指尖……”在这座城市，我才明白何为信仰。也是从这里开始，我想到达更远的地方，去了解更多人的生活，去感受更多样的文化。穷我一生，愿邂逅更多的风景。

在调研中窥见中国

严 艳（Yan Yan） 化麦子（Hua Maizi）

暨南大学新闻与传播学院拉萨调研的成果——《中国形象全球调查·拉萨卷》终于要出版了。对这份调研成果，我们怀着极大的期待。国内革命战争时期，毛主席就特别重视调研，经常深入农村实地调研经济、生活、商业等情况，并写过著名的《寻乌调查》，成为后来政府做调研的样本，“没有调查，就没有发言权”即来自该调查报告。时代变迁，调研逐渐成为一种方法论。20 世纪 90 年代以后，随着宝洁公司进入中国，把企业做市场调研、采集数据、分析数据以及应用调研结果的方式方法一并带入中国，使得调研更成为一门商业。2005 年后，随着互联网的快速发展，网络调研成为大势所趋，但其重要性仍不及实地调研。

暨南大学新闻与传播学院作为“华南新闻最高学府”、“广东媒体后花园”，历来重视培养学生的调研能力。60 多年来，几代暨南新闻人薪火相传，铸造了中国传媒教育“华南重镇”这个响亮的品牌。全球舆情调研就是我们继续锻造这个品牌的关键，到西藏拉萨进行实地调研是全球舆情调研的重要组成部分，也是实施研究生专业能力培养的重要举措。

此次拉萨调研组由 18 个人组成，分为 3 个小组，以“西藏人民广播电台”、“拉萨市民”和“西藏大学学生”为主要调研对象。我们于 2013 年 10 月 28 日从广州出发，11 月 7 日从拉萨返回，展开了近十天的调研活动。克服高海拔、缺氧、语言和文化障碍等种种不利条件，我们在拉萨市发放并收回了近千份问卷，拍摄了上千张记录此次调研活动的图片，完成了十万余字的调研报告。无论从专业能力的实践层面来说，还是新闻学子眼界开阔的层面来说，这都是一次收获丰硕且令人难忘的调研。“完全没有想到西藏人民广播电台对新媒体的发展和利用如此有前瞻性”，“这次调研后对藏文书法以及对藏族文化都有了更深入的了解”，小组成员无不感慨调研所带来的收获。

为了更好地展示此次调研的成果，让我们的努力和收获都有所记录，我们决定把为期十天的调研以书籍的形式出版。我们相信，通过这本书，我们在调研中收获的点滴能够得到更好的诠释和传播。本书大致分为调研成果和调研感悟两个部分，以调研报告、文化解密、人物访谈和微博手记等多种形式呈现。我们希望这本书能够为读者们打开一扇窗户，呈现偏远中国的一角。

本书付梓出版之际，首先要非常感谢暨南大学新闻与传播学院各位领导和老师的支持，尤其是支庭荣老师、杨先顺老师、张晋升老师、嵇美云老师和苏柯老师，从调研的前期策划、事务准备，到调研期间的日常联络和关怀，再到调研后书稿、画册、视频的整理和编纂工作，他们事无巨细，倾注了大量心血。其次要感谢不远千里远赴拉萨调研的18位成员——刘爽、刘晗、梁坤、吴侠、陈律言、严艳、化麦子、杨伟龙、林逸康、李丹青、韩依民、常宇星、张素杰、徐燕、伍中梅、王新林、刘思雯、陈芳，他们为书稿的整理花费了大量的时间和精力。

需要说明的是，由于本书某些内容涉及宗教和民族领域，较为专深，我们时间仓促，在编写过程中难免会有一些不完善之处，如有问题，还请见谅，并不吝赐教。

（作者均系暨南大学新闻与传播学院研究生）

图书在版编目（CIP）数据

中国形象全球调查·拉萨卷／暨南大学舆情与社会管理研究中心主编. —广州：暨南大学出版社，2014. 11
ISBN 978 - 7 - 5668 - 1253 - 7

Ⅰ. ①中…　Ⅱ. ①暨…　Ⅲ. ①国家—形象—调查研究—中国　Ⅳ. ①D6

中国版本图书馆 CIP 数据核字（2014）第 250556 号

中国形象全球调查·拉萨卷
主　　编　暨南大学舆情与社会管理研究中心

出 版 人　徐义雄
策划编辑　杜小陆　史学英
责任编辑　邓铃妹
责任校对　王雅琪
出版发行　暨南大学出版社（广州暨南大学　邮编：510630）
网　　址　http：//www.jnupress.com　http：//press.jnu.edu.cn
电　　话　总编室（8620）85221601
　　　　　营销部（8620）85225284　85228291　85228292（邮购）
排　　版　广州良弓广告有限公司
印　　刷　佛山市浩文彩色印刷有限公司
开　　本　889mm × 1194mm　1/16
印　　张　13.875
字　　数　227 千
版　　次　2014 年 11 月第 1 版
印　　次　2014 年 11 月第 1 次
定　　价　35.00 元